SAN AGU   A

EL SERMON DE LA MONTAÑA DE NUESTRO SEÑOR JESUCRISTO

®2015 COLECCIÓN DE LIBROS IVORY FALLS Este libro es parte de una vasta colección de los mejores clásicos espirituales, disponible tanto en formato impreso y libros electrónicos. En Ivory Falls nos esforzamos por publicar libros de alta calidad a precios asequibles. Además, buscamos uniformidad en el tamaño, la presentación externa y el tipo de letra, que le permite al lector crear una biblioteca bien organizada. Para encontrar los títulos disponibles por favor búsquenos en AMAZON.

Este libro es un producto de su tiempo, y no refleja necesariamente la teología desarrollada con el tiempo, como lo haría si se escribiera en la actualidad.

CONTENIDO

SAN AGUSTIN DE HIPOMNA 1
   LIBRO PRIMERO 1
      CAPÍTULO I 2
      CAPÍTULO II 5
      CAPÍTULO III 8
      CAPÍTULO IV 10
      CAPÍTULO V 13
      CAPÍTULO VI 16
      CAPÍTULO VII 18
      CAPÍTULO VIII 20
      CAPÍTULO IX 21
      CAPÍTULO X 25
      CAPÍTULO XI 27
      CAPÍTULO XII 31
      CAPÍTULO XIII 34
      CAPÍTULO XIV 36
      CAPÍTULO XV 38
      CAPÍTULO XVI 41
      CAPÍTULO XVII 48
      CAPÍTULO XVIII 52
      CAPÍTULO XIX 54
      CAPÍTULO XX 60
      CAPÍTULO XXI 65
      CAPÍTULO XXII 68
      CAPÍTULO XXIII 73
   LIBRO SEGUNDO 75
      CAPÍTULO I 76
      CAPÍTULO II 79
      CAPÍTULO III 84
      CAPÍTULO IV 87
      CAPÍTULO V 89
      CAPÍTULO VI 91
      CAPÍTULO VII 94
      CAPÍTULO VIII 97
      CAPÍTULO IX 99
      CAPÍTULO X 104
      CAPÍTULO XI 106
      CAPÍTULO XII 108
      CAPÍTULO XIII 111
      CAPÍTULO XIV 114
      CAPÍTULO XV 116
      CAPÍTULO XVI 118
      CAPÍTULO XVII 121
      CAPÍTULO XVIII 125
      CAPÍTULO XIX 128
      CAPÍTULO XX 131
      CAPÍTULO XXI 135
      CAPÍTULO XXII 137
      CAPÍTULO XXIII 140
      CAPÍTULO XXIV 141
      CAPÍTULO XXV 145

LIBRO PRIMERO

Exposición de la primera parte del sermón del Señor en el monte, contenido en el capítulo 5 del evangelio de San Mateo

CAPÍTULO I

1. Si alguno con fe y con seriedad examinara el discurso que Nuestro Señor Jesucristo pronunció en la montaña, como lo leemos en el Evangelio de San Mateo, considero que encontraría la forma definitiva de vida cristiana, en lo que se refiere a una recta moralidad. Y esto no lo decimos a la ligera, sino que lo deducimos de las mismas palabras del Señor; en efecto, de tal manera concluye el sermón, que parece estar presente todo aquello que pertenece a una recta información de la vida cristiana. Pues dice así: *Todo aquel que oye estas palabras mías y las lleva a la práctica, lo asemejaré a un hombre sabio que construyó su propia casa sobre roca. Descendió la lluvia, salieron de madre los ríos, soplaron los vientos y dieron con ímpetu sobre aquella casa y no se derrumbó, pues estaba edificada sobre roca. Y todo aquel que oye este discurso y no lo lleva a la práctica, lo comparo con aquella persona necia que construye su casa sobre arena. Descendió la lluvia, se desbordaron los ríos y soplaron los vientos y dieron con ímpetu sobre aquella casa y se derrumbó y su ruina fue grande.* (Mt. 7, 24-27) Pero no dijo solo *quien escucha mis palabras*, sino que añadió: "*quien escucha estas palabras mías*", indicando con estas palabras que pronunció el Señor sobre el monte y que informan de tal manera la vida de aquellos que quieran vivir según ellas, que con toda razón se pueda comparar a aquel que edificó sobre piedra. Queriendo decir con esto que en el discurso aparecen todas las normas que regulan la existencia cristiana. Pero de esto se tratará de forma más amplia en otro lugar.

2. Comienza así este discurso: *Habiendo visto [Jesús] a la multitud, subió al monte. Sentándose se acercaron a él sus discípulos y tomando la palabra les enseñaba diciendo.* (Mt. 5, 1-2) Si se preguntara qué significa el monte, se entendería correctamente referido a los preceptos mayores de la justicia, ya que los menores iban los dirigidos a los judíos. Por tanto, un único Dios mediante sus santos profetas y ministros, según una ordenada distribución de los tiempos, dio los preceptos menores al pueblo que era oportuno sujetar todavía

con el temor; y por medio de su Hijo, dio los mayores al pueblo, que convenía fuese liberado por la caridad. De esta manera son dados preceptos menores a los más pequeños y mayores a los más grandes y son dados por Aquel que sabe dar al género humano cuidados congruentes, según las necesidades propias de los tiempos. Y no es de extrañar que hayan sido dados por un mismo Dios, que hizo el cielo y la tierra, preceptos mayores por el reino de los cielos y menores por el reino terrenal. De esta justicia mayor se dijo por el profeta: *Tu justicia es como los montes de Dios*. (Sal. 35, 7) Esto simboliza convenientemente que el único Maestro, el solo idóneo para enseñar tantas verdades, enseña sobre el monte. Además enseña sentado, cosa que pertenece a la dignidad del Maestro. Acércanse a Él sus discípulos con el fin de que, al escuchar sus palabras, estuviesen más cerca con el cuerpo aquellos que se adherían más con el espíritu en el observar los preceptos. *Toma la palabra y les enseñaba diciendo. (Mt. 5, 2)* La perífrasis con la que dice: *y tomando la palabra*, quizás quiera decir que el discurso será más largo que otras veces, al menos que, el haber dicho que ahora él ha tomado la palabra, incluya que él mismo preparase a hablar a los profetas en el Antiguo Testamento.

3. Pero oigamos a aquel que dice: *Felices los pobres en el espíritu, porque de ellos es el reino de los cielos.* (Mt. 5,3) Leemos que se ha escrito sobre el deseo de los bienes de la tierra: *Todo es vanidad y presunción del espíritu (Si. 1, 14)*; ahora bien, presunción del espíritu significa arrogancia y soberbia. El común de la gente dice que los soberbios poseen un gran espíritu ciertamente, y es porque también en algunos momentos al viento se le llama espíritu. Por esto, en la Escritura leemos: *el fuego, granizo, nieve, hielo, espíritu de tempestad (Sal.* 148, 8) ¿Quién podría ignorar que los soberbios son considerados inflados, como si estuviesen dilatados por el viento? De donde viene aquello del Apóstol: *La ciencia hincha, la caridad edifica.* (1Cor. 8, 2) También por esto en el texto bíblico son significados como pobres en el espíritu los humildes y aquellos que temen a Dios, es decir, los que no poseen un espíritu hinchado. Y no debía comenzar la bienaventuranza de otro modo, dado que debe llegar a conseguir la suma sabiduría. En efecto, *el principio de la sabiduría es el temor del Señor (Si. 1, 16; Sal.*

110, 10), puesto que, por el contrario, está escrito que *el principio de todo pecado es la soberbia*. (Si. 10, 15) Por consiguiente, los soberbios apetezcan y amen los reinos de la tierra: *Bienaventurados los pobres en el espíritu, porque de ellos es el Reino de los cielos. (Mt. 5, 3)*

CAPÍTULO II

4. *Felices los humildes, porque poseerán la tierra por herencia.* (Mt. 5, 4) Creo que se alude a aquella tierra a la que se refieren los salmos: *Tú eres mi esperanza, mi porción en la tierra de los vivientes.* (Sal. 141, 6) En efecto, simboliza una cierta solidaridad y estabilidad de la herencia perenne, porque en ella el alma, mediante un buen afecto, reposa como en su propio lugar, de la misma forma que el cuerpo sobre la tierra y de ahí toma su alimento como el cuerpo de la tierra. Ella misma es el descanso y la vida de los santos. Son humildes quienes ceden ante los atropellos de quienes son víctimas y no hacen resistencia a la ofensa, sino que *vencen el mal con el bien.* (Rm. 12, 21) Litiguen, pues, los soberbios y luchen por los bienes de la tierra y del tiempo; no obstante, *felices los humildes, porque tendrán como heredad la tierra (Mt. 5, 4)*, aquella de la cual no han podido ser expulsados.

5. *Felices los que lloran, porque ellos serán consolados.* (Mt. 5, 5) El luto es la tristeza por la pérdida de los seres queridos. Los convertidos a Dios pierden todo aquello a lo que estaban abrazados en este mundo; pues ya no se alegran con las cosas que se alegraban en otro tiempo y, mientras que no se produzca en ellos el amor de los bienes eternos, están doloridos de una cierta tristeza. Serán, pues, consolados por el Espíritu Santo, ya que especialmente por esto se le llama Paráclito, es decir Consolador, a fin de que, dejando las cosas temporales, se gocen en las eternas alegrías.

6. *Felices los que tienen hambre y sed de la justicia, porque serán saciados.* (Mt. 5, 6) Se refiere aquí a los amadores del bien verdadero y eterno. Serán, pues, saciados de aquella comida de la que dijo el Señor: *Mi comida es hacer la voluntad de mi Padre (Jn. 4, 34)*, que es la justicia, y de aquella agua de la cual quien beba, como Él mismo dice, se convertirá en él *en fuente de agua que salta hacia la vida eterna.* (Jn. 4, 14)

7. Felices los misericordiosos, porque de ellos se hará misericordia. (Mt. 5, 7) Llama felices a los que socorren a los infelices, porque a ellos se les dará como contrapartida el ser librados de la infelicidad.

8. Felices los que tiene un corazón limpio, porque ellos verán a Dios. (Mt. 5, 8) Son insensatos los que buscan a Dios con los ojos del cuerpo, dado que se le ve con el corazón, como está escrito en otro lugar: *Buscadlo con sencillez de corazón.* (Sab. 1, 1) Un corazón limpio es un corazón sencillo. Y como esta luz del día solo puede ser vista con ojos limpios, así no se puede ver a Dios si no está limpia la facultad con la cual puede ser visto.

9. Felices los hacedores de paz, porque se llamarán los hijos de Dios. (Mt. 5, 9) La perfección está en la paz, donde no hay oposición alguna; y, por tanto, son hijos de Dios los pacíficos, porque nada en ellos resiste a Dios; pues, en verdad, los hijos deben tener la semejanza del Padre. Son hacedores de paz en ellos mismos los que, ordenando y sometiendo toda la actividad del alma a la razón, es decir a la mente y a la conciencia, y dominando todos los impulsos sensuales, llegan a ser Reino de Dios, en el cual de tal forma están todas las cosas ordenadas, que aquello que es más principal y excelso en el hombre, mande sobre cualquier otro impulso común a hombres y animales, y lo que sobresale en el hombre, es decir la razón y la mente, se someta a lo mejor, que es la misma verdad, el Unigénito del Hijo de Dios. Pues nadie puede mandar a lo inferior si él mismo no se somete a lo que es superior a él. Esta es la paz que se da en la tierra a los hombres de buena voluntad (Lc. 2, 14), es la vida dada al sabio en el culmen de su perfección. De este mismo reino tranquilo y ordenado ha sido echado fuera el príncipe de este mundo, que es quien domina a los perversos y desordenados. Establecida y afianzada esta paz interior, sea cual fuere el tipo de persecución que promueva quien ha sido echado fuera, crece la gloria que es según Dios; y no podrá derribar parte alguna de aquel edificio y con la ineficacia o impotencia de las propias máquinas de la guerra, significa la gran solidez con que está estructurada desde el interior. Por esto continúa: *Felices aquellos que sufren persecución por ser honestos, porque de ellos es el reino de los cielos.* (Mt. 5, 10)

CAPÍTULO III

10. Todas estas bienaventuranzas constituyen ocho sentencias. Y como convocando a otros, se dirige, no obstante, a los presentes diciéndoles: *Seréis felices cuando hablen mal de vosotros y os persigan.* (Mt. 5, 11) Hablaba en general en las sentencias anteriores, pues no dijo: *Felices los pobres en el espíritu*, porque vuestro es el reino de los cielos, sino porque *de ellos es el reino de los cielos (Mt. 5, 3)*; ni dijo: *Felices los mansos*, porque vosotros poseeréis la tierra; sino, *porque ellos poseerán la tierra (Mt. 5, 4)*; y así las otras sentencias hasta la octava a la que añade: *Bienaventurados los que padecen persecución por ser honestos, porque de ellos es el reino de los cielos.* (Mt. 5,10) Ahora comienza a hablar dirigiéndose ya a los presentes, si bien es verdad que los aforismos que habían sido enunciados anteriormente, se dirigen también a aquellos que, estando presentes, escuchaban; y éstos, que parecen ser dichos de modo especial para los presentes, se refieren también a los ausentes o a los que vendrán en el futuro. Por lo cual hay que considerar con mucha diligencia este número de las sentencias. Comienza la bienaventuranza por la humildad: *Felices los pobres de espíritu*, es decir, los que no son hinchados, cuando el alma se somete a la divina autoridad, ya que teme ir a la perdición después de esta vida, aunque, quizás, le parezca ser feliz en esta vida. Como consecuencia llega al conocimiento de la Sagrada Escritura, donde con espíritu de piedad aprende la mansedumbre, para que nunca se propase a condenar aquello que los profanos juzgan absurdo y no se haga indócil sosteniendo obstinadas contiendas. De aquí comienza a entender con qué lazos de la vida presente se siente impedida mediante la costumbre sensual y los pecados. Por consiguiente, en el tercer grado, en el cual se halla la ciencia, se llora la pérdida del sumo bien que sacrificó, adhiriéndose a los más ínfimos y despreciables. En el cuarto grado está presente el trabajo, que se da cuando el alma hace esfuerzos vehementes para separarse de las cosas que le cautivan con funesta delectación. Aquí tiene hambre y sed de honestidad y es muy necesaria la fortaleza, ya que no se deja sin dolor lo que se posee con delectación. En el quinto grado se da el consejo de dejar a un lado a quienes persisten en el esfuerzo, ya que, si no son ayudados por un ser superior, no son

absolutamente capaces de desembarazarse de las múltiples complicaciones de tantas miserias. Pues es un justo consejo que, quien quiere ser ayudado por un ser superior, ayude a otros más débiles en aquello en que él es más fuerte. Así pues, *felices los misericordiosos, porque a ellos se les hará misericordia*. (Mt. 5, 7) En el sexto grado se tiene la pureza del corazón, que, consciente de las buenas obras, anhela contemplar el sumo bien que solo se puede vislumbrar con mente pura y serena. Finalmente, la séptima bienaventuranza es la misma sabiduría, es decir, la contemplación de la verdad que pacifica a todo el hombre al recibir la semejanza de Dios y así concluye: *Felices los pacíficos, porque se llamarán hijos de Dios*. (Mt. 5, 9) La octava vuelve al principio, ya que muestra y prueba que se ha consumado y perfeccionado. De hecho, en el primero y en el octavo se nombra el reino de los cielos: *Felices los pobres en el espíritu, porque de ellos es el reino de los cielos (Mt. 5, 3), y felices los que padecerán persecución por la justicia, porque de ellos es el reino de los cielos*. (Mt. 5, 10) De hecho, leemos en la Escritura: *¿Quién nos separará de la caridad de Cristo: quizás la tribulación, la angustia, la persecución, el hambre, la desnudez, el peligro, la espada? (Rm. 8, 35)* Son siete, por tanto, las bienaventuranzas que llevan al cumplimiento; pues la octava, como volviendo todavía al principio, clarifica y muestra lo que ha sido cumplido, a fin de que a través de estos grados sean completados también los demás.

CAPÍTULO IV

11. Me parece que esta multiforme operación del Espíritu Santo de la que habla Isaías (Is. 11, 2-3) corresponde a estos grados y sentencias. No obstante, interesa el orden: En el profeta la enumeración comienza por los grados más altos, aquí por los más bajos; allí comienza con la sabiduría y termina con el temor de Dios, pues el principio de la sabiduría es el temor del Señor. (Si. 1, 16; Sal. 110, 10) Por tanto, si los enumeramos ascendiendo de grado en grado, nos encontramos con que el primero es el temor de Dios; el segundo la piedad; el tercero la ciencia; el cuarto la fortaleza; el quinto el consejo; el sexto la inteligencia, y el séptimo la sabiduría. El temor de Dios corresponde a los humildes, de los cuales en el Evangelio (Mt. 5, 1-10) se dice: *Felices los pobres en el espíritu*, es decir, los no hinchados y orgullosos, a los cuales dice el Apóstol: *No te engrías, antes bien vive con temor (Rm. 11, 20)*, es decir, no te ensoberbezcas. La piedad corresponde a los mansos. Quien investiga humildemente honra la Sagrada Escritura, no censura lo que aún no comprende y, por tanto, no la contradice y esto es ser humilde; y por esto se dice *felices los mansos*. La ciencia corresponde a los que lloran, los cuales conocieron ya en la Escritura de qué clase de males han sido prisioneros y a causa de la ignorancia los han deseado como buenos y gozosos; por esto se dice en el Evangelio: *Felices aquellos que lloran*. La fortaleza corresponde con aquellos que tienen hambre y sed. Trabajan anhelando el gozo de los verdaderos bienes y deseando apartar su corazón del afecto a las cosas terrenas y temporales; de esos se dice: *Felices aquellos que tienen hambre y sed de la justicia*. El consejo corresponde a los que practican la misericordia. Hay un único remedio para librarse de tan grandes males: que perdonemos como deseamos que se nos perdone; y ayudemos a los demás en lo que podamos, como deseamos que se nos ayude en aquello que no podemos; de ellos se dice: *Felices los misericordiosos*. El entendimiento corresponde a los puros de corazón, entendido como el ojo purificado, a fin de que se pueda percibir *lo que ni ojo corporal alguno vio, ni oído oyó, ni ha penetrado en el corazón del hombre (1Cor.2, 9; Is. 64, 4)*, de los cuales aquí se dice: *Felices los limpios de corazón*. La sabiduría corresponde a los pacíficos, en los cuales todos sus actos están ordenados y no hay impulso alguno contra

la razón, sino que todo está sometido a la consciencia del hombre, dado que también él está sometido a Dios; de esos se dice aquí: *Felices los que obran la paz.*

12. Sin embargo, un único premio, es decir el reino de los cielos, ha sido repetido de diversas maneras, según los grados diferentes. En el primero, como era conveniente, ha sido indicado el reino de los cielos, que es la total y suma sabiduría del alma racional. Así pues, se ha dicho: *Felices los pobres en el espíritu, pues de ellos es el reino de los cielos (Mt. 5, 3)*; como si se dijese: *El principio de la sabiduría es el temor del Señor.* (Si. 1, 16; Sal. 110, 10; Pr. 9, 10) A los mansos les fue dada la herencia como testamento del Padre, porque saben buscarle con piedad según lo expresan las palabras: *Felices los mansos, porque ellos en heredad poseerán la tierra.* (Mt. 5, 4) A los que lloran se les ofrece la consolación, como aquellos que saben lo que han perdido y en qué males estaban inmersos: *Felices los que lloran, porque serán consolados.* (Mt. 5, 5) A los hambrientos y sedientos se les promete la saciedad, como alimento para reponerse de los fuertes trabajos en que se hallan empeñados por la consecución de la salvación: *Felices los que tienen hambre y sed de la justicia, porque serán saciados.* (Mt. 5, 6) A los misericordiosos se les ofrece misericordia, como a aquellos que siguen el buen y óptimo consejo, que se les ofrezca por quien es más fuerte lo que ellos ofrecen a los más débiles: *Felices los misericordiosos, porque de ellos se tendrá misericordia.* (Mt. 5, 7) A los limpios de corazón se les otorga la facultad de ver a Dios, como aquellos que tienen el ojo puro para poder contemplar las cosas eternas: *Felices los puros de corazón, porque verán a Dios.* (Mt. 5, 8) A los constructores de la paz se les promete la semejanza con Dios, como a quienes poseen la perfecta sabiduría y han sido formados a semejanza de Dios, mediante la regeneración del hombre nuevo: *Felices los pacíficos, porque ellos mismos se llamarán hijos de Dios.* (Mt. 5, 9) Todos estos valores pueden ser realizados en esta vida, como creemos que fueron realizados en los Apóstoles; pues, en efecto, no hay palabras que puedan expresar aquella perfecta transformación en figura angélica que se promete después de esta vida. *Felices, por tanto, los que sufren persecución por la justicia, porque de ellos es el reino de los cielos.*

(Mt. 5, 10) Esta octava sentencia, que vuelve al principio y declara al hombre perfecto, se significa quizás en la circuncisión al octavo día en el Antiguo Testamento y en la resurrección del Señor después del sábado, que es a su vez el octavo día y al mismo tiempo el primer día de la semana, y en la observancia de los ocho días de descanso que practicamos en la regeneración del hombre nuevo y del mismo número de Pentecostés. En efecto, multiplicando por siete el septenario, resultan cuarenta y nueve y añadiendo un nuevo día tenemos cincuenta y así se retorna al principio. En este día fue enviado el Espíritu Santo, que nos guía hacia el reino de los cielos y recibimos la heredad, somos consolados y saciados, obtenemos misericordia, somos purificados y se nos restituye la paz. Perfeccionados de este modo, soportamos por la verdad y la justicia todas las molestias exteriores que nos vinieren.

CAPÍTULO V

13. *Seréis felices,* continúa, *cuando os insulten y os persigan y, mintiendo, dijeren toda clase de maldades contra vosotros por mi causa. Alegraos y regocijaos, porque será grande vuestra recompensa en los cielos.* (Mt. 5, 11-12) Cualquiera que busque en el nombre de cristiano la gloria de este mundo y la abundancia de los bienes de la tierra, advierta que nuestra felicidad está en el interior, como se dice del alma de la Iglesia con las palabras del profeta: *toda la belleza de la hija del rey está en el interior.* (Sal. 44, 14) Pues desde el exterior se prometen injurias, persecuciones, difamaciones, por las cuales será grande la recompensa en los cielos, la cual se percibe en el corazón de los que sufren, de los cuales se ha podido decir: *nos gloriamos en los sufrimientos, ya que sabemos que los sufrimientos producen paciencia, y la paciencia es una virtud puesta a prueba y la virtud probada produce la esperanza; y la esperanza no defrauda, ya que el amor de Dios ha sido derramado en nuestros corazones por medio del Espíritu Santo que nos ha sido dado.* (Rm. 5, 3-5) En efecto, no es suficiente sufrir estos males para recoger el fruto, sino que hace falta soportarlos por el nombre de Cristo, y no solo con ánimo tranquilo, sino incluso hasta con alegría. En efecto, muchos herejes, bajo el nombre de cristianos, conducen a error a las almas, soportan muchos de estos sufrimientos, pero son excluidos de tales recompensas, ya que no solo ha sido dicho: *felices los que sufren persecuciones,* sino que se ha añadido: *por la justicia.* Pues donde no hay una recta fe, no puede haber justicia, ya que el *hombre justo vive de la fe.* (Hab. 2, 4; Rm. 1, 17) Ni tampoco los cismáticos presuman de obtener tal recompensa, dado que no es posible que se dé honestidad donde no hay caridad. En efecto, *el amor al prójimo no hace el mal* (Rm. 13, 10)*; pues si lo tuvieran, no hubieran desgarrado el cuerpo de Cristo,* que es la Iglesia. (Col. 1, 24)

14. Se puede poner la pregunta siguiente: ¿En qué se diferencian las palabras: *cuando os maldigan,* y las otras: *cuando digan toda clase de males contra vosotros,* dado que maldecir no es otra cosa que decir

mal? Pues una cosa es lanzar una maldición acompañada de injurias a la faz de una persona presente a quien con contumelia se afrenta, como aconteció cuando los judíos dijeron a nuestro Señor Jesucristo: *¿No decimos quizás la verdad indicando que eres un samaritano y tienes un demonio? (Jn. 8, 48)*, y otra cosa distinta cuando se ofende la reputación del ausente, como está escrito también de Nuestro Señor en la Escritura: *Algunos decían: es un profeta; y otros decían: No, sino que trae embaucado al pueblo.* (Jn. 7,12) Perseguir es, pues, usar violencia y agredir con asechanzas, como lo hicieron el que le entregó y los que le crucificaron.

Tampoco se dijo simplemente: *Y dirán toda clase de males contra vosotros*, sino que ha sido añadido: *mintiendo*, y también: *por mi causa*. Juzgo que esto ha sido añadido por aquellos que quieren vanagloriarse de las persecuciones y de las afrentas inferidas a su fama y, por tanto, piensan que Cristo les pertenece, dado que se dicen tantas palabras malas acerca de ellos, ya que se dice la verdad, cuando se habla de sus errores. Y si alguna vez se les inculpa de algunas cosas falsas, lo que generalmente sucede por razón de la humana ligereza, sin embargo, no sufren estas cosas por amor a Cristo. En efecto, no sigue a Cristo aquel que no lleva el nombre de cristiano según la fe verdadera y la doctrina católica.

15.*Alegraos y regocijaos*, continúa, *porque es grande vuestra recompensa en los cielos.* (Mt. 5, 12) Creo que en el texto no son llamados cielos a los lugares superiores de este mundo visible. Pues no se debe colocar nuestra recompensa, que debe ser estable y eterna, en estas realidades sujetas al devenir y al tiempo. Sino que se dijo en los cielos, dando a entender las mansiones espirituales, donde habita la eterna justicia, en cuya comparación se llama tierra el alma culpable, como fue dicho al pecador: *eres tierra y a la tierra retornarás*. (Gn. 3, 19) De estos cielos dice el Apóstol: *pues nuestra morada está ya en los cielos*. (Flp. 3, 20) Experimentan, pues, esta recompensa en el tiempo quienes gozan de los bienes del espíritu; pero alcanzará después la perfección completa, *cuando también este cuerpo mortal sea revestido de inmortalidad*. (1Cor. 15, 53-54) Pues, dice, que así también *persiguieron a los profetas, que nos han precedido*. (Mt. 5, 12) En el tiempo presente coloca la persecución centrada en las maldiciones y persecuciones. Les exhortó con un buen ejemplo, porque de ordinario los que dicen la verdad suelen sufrir persecución. Y sin embargo, no por el temor a la persecución, los antiguos profetas dejaron de proclamar la verdad.

CAPÍTULO VI

16. Con mucha coherencia continúa el Señor: *Vosotros sois la sal de la tierra*, mostrando que han de ser tenidos por insensatos aquellos que, ambicionando la abundancia y temiendo la escasez de bienes temporales, pierden los bienes eternos que no pueden ser dados ni quitados por los hombres. Por tanto: *Si la sal se volviese sosa, ¿con qué se podría volver salada? (Mt. 5, 13)*; es decir, si vosotros, por los cuales se podría decir que deben ser fundados los pueblos, por temor a las persecuciones temporales perdieseis el reino de los cielos, ¿quiénes serán los hombres mediante los cuales se os libre del error, dado que el Señor os ha escogido para eliminar el error de los demás? En efecto: *No sirve para nada la sal insípida, sino para ser arrojada fuera y ser pisada por los hombres.* (Mt. 5, 13) Pues no es pisoteado por los hombres quien padece persecución, sino quien temiendo la persecución se vuelve fatuo. Sólo puede ser pisado quien es inferior; pero no es inferior quien, aunque en el cuerpo sufra mucho en la tierra, sin embargo su corazón está fijo en el cielo.

17. *Vosotros sois la luz del mundo.* (Mt. 5, 14) Así como antes había dicho: *sal de la tierra*, ahora dice: *luz del mundo*. Ni antes se debe entender la tierra como aquella que pisamos con los pies, sino los hombres que viven en la tierra, o también los pecadores, ya que el Señor ha enviado la sal apostólica para sazonarlos y extinguir su hedor. Ni aquí por mundo se ha de entender el cielo y la tierra, sino los hombres que están en el mundo o aman el mundo y a los cuales el Señor ha enviado a los apóstoles para iluminarlos. *No se puede encubrir una ciudad construida sobre el monte*, es decir, fundada sobre una insigne y gran justicia, simbolizada también por el monte donde el Señor está enseñando.

Ni encienden la lámpara y la ponen bajo el celemín, sino sobre el candelero. (Mt. 5, 15) ¿Cómo podemos interpretar esto? ¿Juzgaremos que se ha dicho de esta manera, *debajo del celemín*, para que se entienda solamente la ocultación de una luz, como si dijera, nadie enciende una luz y la oculta? ¿O también puede simbolizar el celemín alguna otra cosa, ya que poner la luz bajo el celemín es considerar el bienestar del cuerpo más importante que el anuncio de la verdad, hasta el punto de no anunciar la verdad, ya que teme sufrir cualquier molestia tanto en lo que se refiera a las cosas corporales como a las temporales? La palabra celemín está justamente empleada, antes de cualquier otro significado, por la retribución de la medida con la que cada uno recibirá la recompensa de aquello que hubiera practicado en vida, según el testimonio del Apóstol que dice: *porque allí recibe cada uno el pago debido a las buenas o malas acciones que hubiere hecho mientras ha estado vestido de su cuerpo (2Cor. 5, 10)*, y análogamente como se dice en otro lugar de esta medida corporal: *con la medida con la que habéis medido, se os medirá.* (Mt. 7, 2) O ya sea porque los bienes transitorios, que se consiguen con el cuerpo, empiezan y terminan con cierta medida o número de días determinados, lo cual tal vez se significa con el celemín; mientras que los bienes eternos y espirituales no son encerrados en tales límites: *Pues Dios no ha dado su espíritu tasado.* (Jn. 3, 34) Pone la luz bajo el celemín quien oculta y oscurece la luz de la buena doctrina con las comodidades y ventajas temporales; *mientras que la pone sobre el candelero (Mt. 5, 15)* quien somete el propio cuerpo al servicio de Dios, de tal forma que en lo alto queda el anuncio de la verdad, y en lo bajo la sumisión al cuerpo. Sin embargo, mediante tal sumisión al cuerpo debe resplandecer en lo alto la doctrina que se manifiesta en las buenas obras a quienes aprenden mediante la función del cuerpo, es decir, mediante la voz, la lengua y otros movimientos del cuerpo. En consecuencia, sobre un candelero colocó la luz el Apóstol cuando dijo: *Peleo no como quien tira golpes al aire, sino que castigo mi cuerpo y lo esclavizo, no sea que, habiendo predicado a los otros, venga yo a ser reprobado.* (1Cor. 9, 26) Mas al decir: *Para que alumbre a todos los que están en la casa (Mt. 5, 15)*, juzgo que por casa ha de entenderse la morada dicha de los hombres, es decir el mundo, por lo que dijo más arriba: *Sois la luz del mundo.* (Mt. 5, 14) O también, si alguno quiere entender por casa el significado de Iglesia, tampoco esto sería absurdo.

CAPÍTULO VII

18. *Brille vuestra luz delante de los hombres para que vean vuestras buenas obras y glorifiquen a vuestro Padre, que está en los cielos.* (Mt. 5, 16) Si dijere solamente: *Brille vuestra luz delante de los hombres para que vean vuestras buenas obras*, parecería que había establecido la finalidad solo en las alabanzas humanas, de las cuales están ávidos los hipócritas, aquellos que ambicionan los honores y consiguen una gloria totalmente vacía. Contra éstos se puede leer: *Si todavía buscase el agrado de los hombres, no sería siervo de Cristo* (Ga. 1, 10), y lo mismo en el profeta: *Aquellos que complacen a los hombres serán confundidos, ya que Dios les convierte en nada*, y añade: *Dios aniquila el poder de los que complacen a los hombres* (Sal. 52, 6), y el Apóstol: *No seamos ambiciosos de vanagloria* (Ga. 5, 26), y añade: *El hombre, al contrario, debe examinarse a sí mismo y en él mismo y no en el hombre encontrará motivo de gloria.* (Col. 11, 28; Gal. 6, 4) Por tanto, no solo ha dicho: *A fin de que vean vuestras buenas obras*, sino que añadió: *Y den gloria a vuestro Padre, que está en los cielos*. Por consiguiente, el hombre no debe buscar como fin el agradar a los hombres por el hecho que les agrade mediante las buenas obras, sino que lo refiera a alabar a Dios y, como consecuencia, agrade a los hombres, a fin de que en ello sea Dios glorificado. Conviene esto también a los que alaban a fin de que dirijan sus alabanzas a Dios y no al hombre; como lo manifestó el Señor a aquel hombre que le pusieron ante él con ocasión de hombre paralítico a quien sanó, donde las *turbas admiraron su poder*, como está escrito en el Evangelio: *Temieron su poder y dieron gloria a Dios, que dio tal poder a los hombres.* (Mt. 9, 8) Y Pablo, el imitador de Cristo, dice: *Solamente habían oído decir: Aquel que antes nos perseguía, ahora predica la fe que en otro tiempo impugnaba, y glorificaban a Dios por mi causa.* (Ga. 1, 23-24)

19. Después de haber exhortado a los oyentes para que se prepararan a sufrir todas las cosas por la verdad y la justicia y no ocultasen el bien que habían de recibir, sino que instruyeran con estas

cosas con la benévola intención de enseñarles a todos los demás, dirigiendo las propias obras a la gloria de Dios y no a la propia alabanza, comienza a informarles e instruirlos en aquello que deben enseñar, como si ellos le hubieran preguntado diciendo: He aquí que queremos sufrir todas las cosas por tu nombre y no esconder tu doctrina. Pero ¿qué es lo que prohíbe esconder y por lo que mandas tolerarlo todo?; ¿quizás que debes decir cosas contrarias a aquellas que están escritas en la Ley? No, dice. *No creáis que he venido a abolir la Ley y los Profetas; no he venido a abolirla, sino a darle cumplimiento.* (Mt. 5, 17)

CAPÍTULO VIII

20. En esta sentencia nos encontramos con un doble sentido y hay que tratarlos cada uno por separado. Pues el que dice: *No vine a abolir la Ley, sino a cumplirla*, o afirma lo que añadirías a la Ley lo que tiene de menos o que practicara lo que ella tiene. Hablemos primero de la primera proposición: En efecto, el que añade alguna cosa a lo que le falta, ciertamente no destruye lo que encontró, sino que lo ratifica haciéndolo más perfecto. Y por otro lado continúa diciendo: *En verdad os digo, hasta que no pasen el cielo y la tierra, no pasará ni una jota de la ley o un solo acento sin que todo se cumpla.* (Mt. 5, 18)

Así pues, cuando se practican aquellas cosas que se añaden para la perfección, con mucha más razón se cumplen las que previamente se ordenan para empezar. El inciso: *No pasarán de la Ley ni una jota, ni un acento*, no se puede entender de otra manera, sino como una expresión más vehemente de perfección, según viene expresado por cada una de las letras entre las cuales la jota es la más pequeña de todas, ya que se escribe de un solo trazo y el acento es un signo pequeño colocado sobre ella. Con estas palabras hace ver el Señor que en la Ley hasta las cosas más pequeñas se llevan a cumplimiento. Después prosigue diciendo: *Quien violare uno de estos mandamientos, por mínimo que parezca y enseñare a los hombres a hacer lo mismo, será tenido por el más pequeño, esto es, por nulo, en el reino de los cielos.* (Mt. 5, 19) Los mandamientos más pequeños son simbolizados por una sola jota y un solo acento. Por consiguiente, *el que quebrantare y enseñare así*, esto es, según aquello que quebrantó, no según aquello que encontró y leyó, *será tenido por el más pequeño en el reino de los cielos*. Quien los guardare significa: quien no los considera quebrantados y los enseña así, en base a lo que no ha quebrantado. *Este será considerado grande en el reino de los cielos* y estará en el reino de los cielos, en el cual son admitidos los grandes. A esto pertenece lo que seguirá.

CAPÍTULO IX

21. Porque *os digo que si vuestra justicia no es más perfecta que la de los escribas y fariseos, no entraréis en el reino de los cielos (Mt. 5, 20)* es decir, a menos que cumpláis no solamente aquellos preceptos minoritarios de la Ley que inician al hombre a la virtud, sino también estos que son añadidos por mí, que no vine a quebrantar la Ley, sino a darle cumplimiento, no entraréis en el reino de los cielos. Pero tú me dirás: Si cuando el Señor hablaba más arriba de aquellos mandamientos mínimos, dijo que sería llamado mínimo, es decir, nulo, en el reino de los cielos quienquiera que quebrantare uno de ellos y así hubiere enseñado a otros a guardarlos y por consiguiente ya habría de morar en el reino de los cielos, puesto que es grande, ¿qué es necesario añadir a los preceptos mínimos de la ley, si puede estar ya en el reino de los cielos, porque es grande aquel que los cumple y enseña a guardarlos? Por esta razón, hace falta que las palabras: *Pero el que lo guardare y así enseñase será llamado grande en el reino de los cielos*, sean entendidas no de aquellos preceptos mínimos, sino de aquellos que yo publicaré. ¿Cuáles son estos? Que vuestra justicia, afirma, supere la de los escribas y fariseos, ya que si no la superase, no entraréis en el reino de los cielos. Luego el que violare aquellos preceptos mínimos y así enseñase a traspasarlos, será llamado mínimo; pero el que cumpliere aquellos mandamientos mínimos y así enseñare a observarlos, no ha de ser tenido ya por grande e idóneo para el reino de los cielos, pero no tan pequeño como el que los ha quebrantado. Para que sea grande y apto para el reino de los cielos debe obrar y enseñar como Cristo enseña ahora; esto es, que sobresalga su justicia sobre la justicia de los escribas y fariseos.

La justicia de los fariseos es *no matar*; la de quienes entrarán en el reino de los cielos será el no enojarse sin motivo. El *no matar* es la observancia más pequeña y quien la quebrante será considerado el más pequeño en el reino de los cielos. Quien cumpla el no matar, no será ni más grande y apto para el reino de los cielos; sin embargo ha ascendido algún grado. Se perfeccionará, sin embargo, si no se enoja sin motivo, y si ha conseguido esta perfección, estará mucho más lejos del homicidio. Por consiguiente, aquel que enseña que no nos enojemos, no considera de ninguna manera olvidada la ley de no matarnos, sino que la observa mejor, aunque sólo externamente, mientras no matamos y mantenemos la inocencia en el corazón, si no nos enojamos.

22. *Habéis oído, continúa, que se ha dicho a los antiguos, no matarás; y quien matare, será reo de juicio. Sin embargo, yo os digo que todo el que se enoja contra su hermano sin motivo, será reo de juicio; y quien haya llamado a su hermano necio, será reo de condena; quien le llame renegado, será reo del fuego del infierno.* (Mt. 5, 21-22) ¿Qué diferencia hay entre el que es reo de juicio, reo de condena y reo del fuego del infierno? En efecto, este último contexto tiene un tono mucho más grave y hace pensar que existe alguna gradación desde penas más ligeras a las más graves, hasta llegar a la pena del infierno. Si es más leve ser merecedor del juicio que de condena, así también es más leve ser merecedor de condena que de la pena del infierno; es oportuno que se juzgue más leve enojarse sin motivo con el hermano que llamarle *racca* (necio) y todavía es más leve llamarle *racca* que llamarle *imbécil*. El ser culpable, en sí, no tendría gradación, si los pecados no hubieran sido clasificados por grados.

23. En todo esto solo hay una palabra oscura, ya que racha no es palabra griega ni latina, todas las otras se usan en nuestro lenguaje. Algunos han querido hacer derivar del griego la traducción de esta palabra, manteniendo que *racca* significa andrajoso, puesto que en griego *pannosus*, se dice τραχύς; más cuando a esos intérpretes se les pregunta cómo se dice en griego *pannosus* no responden *racca*. Por lo demás, el intérprete latino podría, donde puso *racca*, haber colocado *pannosus* y no usar una palabra que en latín no existe y en griego ni se usa. Lo más probable es la versión que he tomado de un hebreo cuando le he preguntado a este propósito. Me dice que es un sonido que no significa nada, sino que manifiesta un movimiento súbito del ánimo indignado. Los gramáticos llaman interjección a estas pequeñas partículas de la oración, que expresan algún impulso del ánimo conmocionado, como cuando exclama *heu* (¡ay!) el que sufre; y el

iracundo, *hem* (¿cómo?). Son expresiones propias de todos los idiomas y no tienen fácil traducción en otras lenguas. Y es este el motivo que ha movido al traductor, tanto al griego como al latino, a poner la misma palabra, ya que no encontraba otra palabra equivalente para interpretarla.

24. Se da, pues, gradación en estos pecados. En primer lugar, uno se enoja y retiene la emoción que se forma en el interior. Acto seguido viene la conmoción del ánimo, que arranca del que se indigna una expresión de ira, diciendo algo que no significa nada, pero que declara la inquietud del ánimo con el mismo arrebato con que mortifica a aquel contra quien se enoja, lo cual es ciertamente más culpable que si al encenderse la ira fuese esta reprimida guardando silencio. Si además no solo se oye la voz de quien está indignado, sino también se pronuncia alguna palabra que designa y expresa algún vituperio cierto de aquella persona contra la cual se profiere, ¿quién dudaría de que la falta es mayor que si solamente se profiriese una indignación del ánimo indignado? Por tanto en el primer caso se posee una sola señal, es decir, la ira en sí misma; en el segundo, dos señales: la ira y el sonido que indica la ira y en el sonido mismo la demostración de un ultraje deliberado. Ved ya ahora los tres castigos: de juicio, de condena y de fuego del infierno. En el juicio aún se concede al reo lugar para la defensa; en la condena, aunque también suele ser juicio, sin embargo, por cuanto la misma distinción obliga a confesar que en este lugar se diferencia en algo, parece que al tribunal pertenece pronunciar la sentencia, cuando ya no se trata con el delincuente a fin de conocer si ha de ser condenado, sino que deliberan entre sí los jueces acerca de la pena que conviene imponer al que conste que debe ser condenado. El fuego del infierno realmente no implica duda alguna acerca de la sentencia, como sucede en el juicio, ni incertidumbre acerca de la pena, como ocurre en el tribunal. En el fuego del infierno son ciertas tanto la sentencia como la pena del condenado. Se advierten, por tanto, algunas gradaciones tanto en las culpas como en las penas; ¿quién puede expresar en qué términos son aplicadas de forma invisible las penas a los méritos de las almas? Hay que prestar atención a la diferencia que se da entre la justicia de los fariseos y aquella más grande que

introduce en el reino de los cielos, porque siendo más grave el matar que el proferir una palabra injuriosa, allí el homicidio hace al delincuente reo de juicio, y aquí la simple cólera hácele también reo de juicio, la cual es la más leve de las tres culpas mencionadas; porque allí se juzgaba entre los hombres la cuestión del homicidio, y aquí todo se remite al tribunal divino, donde el fin de los condenados es el fuego del infierno. Más si alguno dijese que en una justicia mayor es castigado el homicidio con una pena más grave, si con la pena del fuego es castigado el insulto, esto induce a pensar que hay diversidad de infierno.

25. En estas tres proposiciones, sin duda, se debe detectar un conjunto de palabras que se sobreentienden. En efecto, la primera proposición contiene todas las palabras necesarias, de tal manera que no necesita ser sobreentendida ninguna: *Quien se enoje contra su hermano sin motivo, será reo de juicio.* No así en la segunda, ya que afirma: *quien llame a su hermano* racca, se sobreentiende sin motivo, pues añade: *será reo de tribunal.* Después en la tercera se dice: *quien le haya dicho imbécil (Mt. 5, 22),* ahí se sobreentienden dos conceptos: *a su hermano* y *sin causa*. Esta es la razón por la que se justifica que cuando el apóstol San Pablo llamó necios a los gálatas, a los que también llamó "hermanos", no lo hizo sin causa. Por tanto, en este inciso hay que sobreentender la palabra "hermano", ya que del enemigo se dice acto seguido cómo debe ser tratado con una justicia más grande.

CAPÍTULO X

26. Continúa, pues, diciendo: *Por tanto, si al presentar tu ofrenda ante el altar, allí te acuerdas que tu hermano tiene alguna queja contra ti, deja allí mismo tu ofrenda delante del altar y ve primero a reconciliarte con tu hermano, y después volverás a presentar tu ofrenda.* (Mt. 5, 23-24) Según el texto, aparece lo que se había hablado con anterioridad del hermano, porque la sentencia que sigue se une a la precedente con una tal ligazón que confirma la precedente. Pues, en efecto, no ha dicho: *si al presentar la ofrenda ante el altar*, sino que dice: en consecuencia, si al presentar tu ofrenda ante el altar; luego, si no está permitido airarse sin motivo con el hermano y llamarle *racca* o *imbécil*, mucho menos será lícito el conservar cualquier cosa en el ánimo de tal manera que la indignación degenere en odio. También se refiere a esto aquello que se dice en otro momento: *No se ponga el sol estando airados.* (Ef. 4, 26) Se nos ordena, pues: cuando llevemos nuestra ofrenda ante el altar, si nos acordamos que el hermano tiene algo contra nosotros, deja la ofrenda ante el altar y vete a reconciliarte con el hermano, después ven y haz la ofrenda. Mas si esto se toma literalmente, tal vez alguno opine que conviene hacerlo de la manera dicha, si el hermano está presente; pues no conviene diferirlo por más tiempo, dado que se te ordena dejar la ofrenda ante el altar. Pero si se tratase de un ausente y, lo que es posible, que habitase al otro lado del mar, y viniese a la mente alguna cosa de esta naturaleza, es absurdo creer que deba dejarse la ofrenda ante el altar para ofrecerla a Dios, después de haber recorrido tierra y mar. Estamos obligados a recurrir a un sentido espiritual, a fin de que lo dicho se pueda entender sin caer en el absurdo.

27. Por tanto, podemos entender el altar en un sentido espiritual, en el templo interior de Dios, la misma fe, cuyo signo exterior es el altar visible. En efecto, cualquier don que ofrezcamos a Dios, ya sea la profecía, ya la enseñanza, o la oración, un himno, un salmo o cualquier otro don espiritual que se nos ocurra, no puede ser aceptado por Dios si no está apoyado en la sinceridad de la fe y establecido sobre ella de

modo fijo, de tal manera que lo que digamos sea íntegro y sin errores. Pues muchos herejes que no tienen altar, es decir, la verdadera fe, en vez de alabanzas, han dicho blasfemias, porque, cargados de opiniones terrenas, han tirado por tierra, por así decirlo, el propio acto de devoción. Pues debe ser también sana la intención del oferente. Sucede, pues, a veces que si cuando estamos para ofrecer alguno de estos dones en nuestro corazón, esto es, en el interior del templo de Dios, según dice el Apóstol: *el templo de Dios es santo y este sois vosotros (1Cor. 3, 17), y en el hombre interior habita Cristo mediante la fe en vuestros corazones (Ef. 3, 17)*, nos acordásemos que el hermano tiene algo contra nosotros, es decir, si en algo le hemos herido, entonces es él quien tiene algo contra nosotros; pero si nosotros tuviésemos algo contra él, si él nos dañó, entonces no nos hace falta ir hacia él a fin de reconciliarnos, porque no pedirás perdón a aquel que te injurió, sino que le perdonarás sencillamente, como deseas ser perdonado por Dios de todo lo que hubieras pecado. Se debe ir a reconciliarse cuando nos acordemos que eventualmente hemos ofendido al hermano, y se debe ir no con los pies del cuerpo, sino con las actitudes de la conciencia, a fin de que te postres con benevolencia ante el hermano, al cual has ido con un pensamiento afectuoso, mientras estás en la presencia de aquel a quien está presentando la ofrenda. Así pues, también si está presente podrás aplacarlo con sinceridad y volverle a la benevolencia pidiendo perdón, si lo hubieres hecho primero en la presencia de Dios, dirigiéndote a él no con tardos movimientos del cuerpo, sino con el ligerísimo sentimiento de amistad. Y volviendo de nuevo, es decir, renovando la intención hacia aquello que habías comenzado a hacer, ofrecerás tu don.

28. Por lo demás, ¿quién se comporta de tal forma que no se enoje sin motivo con el hermano, o no le diga *racca* sin motivo, o no le llame imbécil sin motivo, lo cual se permite por un exceso de orgullo, o, si acaso faltase en algunas de esas cosas, acuda al único remedio, que es pedir perdón de corazón con ademán humilde, sino aquel hombre que no está hinchado con espíritu de vana jactancia? Por consiguiente, *felices los pobres en el espíritu, porque de ellos es el reino de los cielos*. (Mt. 5, 3) Y, ahora, veamos lo que sigue.

CAPÍTULO XI

29. *Ponte de acuerdo con tu contrario, mientras estás con él todavía en el camino, no sea que te ponga en manos del juez, y el juez te entregue al alguacil y te metan en la cárcel. En verdad te digo: No saldrás de allí hasta que pagues el último cuadrante o maravedí.*(Mt.5, 25-26) Entiendo quién es el juez: *El Padre no juzga a ninguno, sino que todo poder de juzgar se lo dio al Hijo (Jn. 5, 22)*, y conozco también quién es el alguacil: *Los ángeles le servían (Mt. 4, 11)*, y mantenemos por la fe que vendrá con los ángeles a juzgar a los vivos y a los muertos. (2Tm. 4, 11) También entiendo por cárcel las penas del infierno, que en otro lugar llama exteriores. (Mt. 8, 12; 22, 13; 25, 30) Creo, por tanto, que el gozo de los premios divinos está en el interior del mismo entendimiento o en la facultad más íntima que pueda pensarse. De este gozo se dice al siervo benemérito: *Entra en el gozo de tu Señor (Mt. 25, 23)*; al igual que en la actual legislación de la República el que ha sido recluido en la cárcel, es liberado bien sea por el secretario o por el tribunal del juez.

30. En torno al inciso de pagar hasta la última moneda, se puede interpretar probablemente que ha sido expresado en el sentido de que nada quedará impune, como decimos cuando hablamos ordinariamente: hasta el fondo, cuando queremos decir que de tal forma se ha exigido que no se deja nada; o también que con el término hasta la última moneda se signifique los pecados cometidos en la tierra. En efecto, la tierra es la cuarta parte o también la última de los componentes superpuestos de este mundo, dado que hay que comenzar por los cielos, seguido posteriormente por el aire, luego el agua y finalmente la tierra. Por tanto, se puede interpretar convenientemente el inciso: *hasta que se pague la última moneda*, hasta que sean expiados los pecados de la tierra. Y precisamente esto es lo que ha oído también el pecador: *Eres tierra y a la tierra volverás.* (Gn. 3, 19), Me maravillo si la expresión: *Hasta que no pagues* no significa la pena que es llamada eterna. Mas ¿cómo se paga aquella deuda, donde ya no se da lugar al arrepentimiento ni a vivir de forma más correcta? Quizás en

este paso se ha dicho *hasta que pagues*, como en el otro donde se dijo: *Siéntate a mi derecha, hasta que coloque a todos tus enemigos bajo tus pies (Sal. 109, 1)*; en efecto, hasta cuando los enemigos no sean colocados bajo sus pies, el Hijo no dejará de sentarse a la derecha; o también, como dice el Apóstol: *Él debe reinar hasta que ponga a todos sus enemigos bajo sus pies.* (1Cor. 15, 25) Pero no dejará de reinar cuando así hubieren sido colocados. Por consiguiente, así como en las palabras de San Pablo se entiende de aquel de quien dijo *entretanto debe reinar hasta ponerle el Padre los enemigos debajo de sus pies* que reinará siempre, porque siempre estarán ellos debajo de sus pies, así también aquí puede entenderse de aquel de quien se dice *no saldrás de allí hasta que pagues el último cuadrante*, no saldrá para siempre, porque estará pagando por siempre la última moneda, mientras expía las penas eternas por los pecados terrenos. No habría dicho esto así, para que no parezca que he evitado un tratamiento más diligente acerca de las penas de los pecados y cómo en la Escritura se llaman eternas, o sean como sean, lo importante es evitarlas más bien que conocerlas.

31. Veamos ahora quién es el adversario con el que se nos ordena que hagamos las paces pronto, mientras estamos con él en el camino. Pues o es el diablo, o el hombre, o es la carne, o es Dios, o su ley. No veo cómo se nos manda ser benévolos con el diablo, es decir, estar concordes con él o serle condescendientes; en efecto, algunos han traducido el término griego *éunoon*, como *concorde*, otros como *consintiente*. Pues no se nos ordena mostrar complacencia con el diablo, ya que donde está la complacencia, está la amistad y nadie diría que debe hacerse amistad con el diablo; ni es admisible estar de acuerdo con él, ya que, renunciando de una vez para siempre a él, le hemos declarado la guerra y seremos premiados por haberlo vencido y ni siquiera se debe admitir el ser condescendientes con él, ya que si no hubiésemos sido nunca condescendientes con él, nunca hubiésemos caído en estas miserias humanas. En cuanto al hombre, aunque se nos mande tener paz con todos, en cuanto esté de nuestra parte (Rm. 12, 18), y donde ciertamente pueden aplicarse las palabras benevolencia, concordia y consentimiento, no veo con todo cómo se podría explicar ser entregados por el hombre al juez, en el cual yo preveo que el juez es

Cristo, ante cuyo tribunal todos deben ser presentados, como dice el Apóstol. (2Cor. 5, 10; Rm. 14, 10) ¿Cómo puede entregarnos al juez aquel que ha de comparecer ante el juez? Pero si es entregado al juez porque ha ofendido a un hombre, aunque no sea entregado por el mismo ofendido, parece muy coherente que el culpable sea entregado al juez por la misma ley contra la cual obró ofendiendo a un hombre. En efecto, si alguno ha hecho mal al hombre matándolo, no habrá ya ocasión de reconciliarse con él, ya que no está con él en el camino, es decir, en esta vida. Sin embargo, tendrá posibilidad de obtener la curación arrepintiéndose y recurriendo con la ofrenda de un corazón afligido a la misericordia de aquel que perdona a los que se reconcilian con él y que se alegra más de un penitente que de noventa y nueve justos. (Lc. 15, 7) Pero en cuanto a la carne, veo mucho menos cómo se nos manda ser benévolos, o estar de acuerdo con ella o ser consentidores de sus apetitos. Los pecadores ciertamente aman su carne y condescienden con ella y consienten a sus deseos; sin embargo, aquellos que la someten a servidumbre, no condescienden con sus deseos, sino que la obligan a consentir a los suyos.

32. Quizás se nos manda ponernos de acuerdo con Dios y ser benévolos con Él para reconciliarnos con aquel de quien nos apartamos pecando y así puede ser considerado nuestro adversario. Ciertamente es considerado adversario de aquellos a quienes resiste: en efecto *Dios resiste a los soberbios y da la gracia a los humildes (St. 4, 6) y el origen de todo pecado está en la soberbia y el origen de la soberbia del hombre es apostatar de Dios.* (Qo. 10, 14-15) Y el Apóstol dice: *Si pues, habiendo sido enemigos, hemos sido reconciliados con Dios por la muerte de su Hijo, mucho más estando ya reconciliados nos salvará por la vida del Resucitado.* (Rm. 5, 10) Por este texto se puede entender que no hay ningún ser malo enemigo de Dios, ya que han sido reconciliados con Él aquellos que antes eran enemigos. Por tanto, quienquiera que en este camino, es decir, en esta vida, no se haya reconciliado con Dios mediante la muerte de su Hijo, será entregado al juez por Él, ya que *el Padre no juzga a nadie, sino que todo juicio lo dio al Hijo.* (Jn. 5, 22) Y así, todo lo que se ha escrito en este capítulo se sigue de lo que se ha tratado. Solo hay una cuestión que causa

dificultad a la comprensión de lo dicho, y es la siguiente: Cómo se puede decir razonablemente que estamos con Dios en este camino, si en este pasaje él mismo debe ser considerado adversario de los malos y se nos ordena reconciliarnos con él lo antes posible, salvo que, dado que él está en todas partes, también nosotros, aunque estamos todavía en este camino, estamos evidentemente con Él. En efecto, la Escritura dice: *Si subo al cielo, allí estás tú; si desciendo a los infiernos, allí te encuentro; si al rayar el alba me pusiere alas y fuese a posar en el último extremo del mar, allí igualmente me conducirá tu mano y me hallaré bajo el poder de tu diestra.* (Sal. 138, 8-10) Y si no agradase el decir que el impío está con Dios, aunque Dios está presente en todo, como no pensemos que los ciegos están en la luz, aunque la luz irradia en sus ojos, resta únicamente una cosa, y es que en este pasaje entendamos por adversario el precepto de Dios. Pues ¿qué es lo que más se opone a quienes desean pecar que el precepto de Dios, es decir, su Ley y la Sagrada Escritura? Ésta nos ha sido dada para esta vida, para que nos acompañe en el camino y no conviene estar enfrentados con ella con el fin de que no nos entregue al juez, sino que conviene estar de acuerdo con ella. Nadie sabe, en efecto, cuándo deberá salir de esta vida. Es condescendiente con la Sagrada Escritura el que la lee o la escucha con atención, ya que le atribuye la máxima autoridad y, por tanto, no odia lo que ha comprendido de la misma, si es verdad que se da cuenta que está en contraste con los propios pecados; más aún, ama grandemente su corrección y se alegra que no se le perdonen las propias enfermedades hasta que no esté todo sanado. Y si algo le resulta oscuro o no verdadero, no suscite controversias de las objeciones, sino que ore para poder entender y recuerde que debe ofrecer benevolencia y reverencia a tanta autoridad. Pero ¿quién actúa así, sino aquel que se apresura a abrir y conocer el testamento del Padre no con la amenaza de litigios, sino apacible y lleno de piedad? *Felices, pues, los sencillos, porque ellos poseerán la tierra.* (Mt. 5, 4) Examinemos lo que sigue.

CAPÍTULO XII

33. *Habéis oído que se ha dicho: No forniquéis. Mas yo digo: Todo el que mira a una mujer con el ánimo de unirse a ella, ya ha fornicado con ella en su corazón.* (Mt. 5, 27-28) Es virtud menor, en efecto, no fornicar con la unión corporal y es virtud mayor del Reino no fornicar con el corazón. Por consiguiente, quien no comete fornicación en el corazón evita mucho más fácilmente cometerla con el cuerpo. Lo ha confirmado quien lo ha mandado, ya que no ha venido a abolir la ley, sino a confirmarla. (Mt. 5, 17) Se debe pensar, evidentemente, que no ha dicho: quien se una con una mujer, *sino quien mirare a una mujer para unirse con ella*, esto es, quien mirare a una mujer para desearla, es decir, con ese fin y con esa intención de unirse a ella; lo cual, ya no es simplemente sentir la delectación de la carne, sino consentir plenamente a la pasión; de tal manera que no solo no se modera el impulso ilícito, sino que, si hay posibilidad, se le satisface.

34. Son, pues, tres los momentos a través de los cuales se comete el pecado: la sugestión, la delectación y el consentimiento. La sugestión procede o bien de la memoria o bien de los sentidos corporales, bien sea cuando vemos algo, lo oímos, lo olemos, lo gustamos o lo tocamos. Y si al percibir el objeto produjere placer, el placer ilícito se debe reprimir. Por ejemplo, cuando estamos ayunando y a la vista de los alimentos surge el apetito, no acontece sino la delectación; pero ahí todavía no hemos consentido y la cohibimos con el dominio de la razón. Pero si ha llegado ya el consentimiento, se habrá consumado ya el pecado, conocido por Dios en nuestro corazón, aunque no hubiese llegado a ser conocido abiertamente por los hombres. He aquí cómo son estos tres grados: la sugestión, por decirlo así, está figurada por la serpiente, resbaladiza y voluble; efectúese con el movimiento pasajero de los cuerpos, porque si tales y cuales imágenes se representan en el alma, ellas proceden de fuera, del mundo corpóreo; y si algún secreto movimiento agita el alma además de la acción de los cinco sentidos, es también pasajero y lúbrico. Por consiguiente, cuando éste se deslice más secretamente para penetrar en el entendimiento, tanto mayor es la

razón para compararle a la serpiente. Estos tres momentos, como había comenzado diciendo, son semejantes a los acontecimientos que vienen narrados en el Génesis, en el sentido que de la serpiente surge la sugestión y un cierto convencimiento; en el deseo sensual, como en Eva, está la delectación; y en la conciencia, como en el hombre, el consentimiento. (Gn. 3, 1-7; 2Cor. 11, 3) Realizados todos estos actos, el hombre es expulsado del paraíso terrestre, es decir, de la luz feliz de la virtud a la muerte y todo ello con plena justicia. En efecto, quien persuade, no obliga. Todos los seres son bellos en su propia naturaleza, orden y grado; pero no debe descender de un orden superior, en el cual ha sido situada el alma racional, a un orden inferior. Nadie está obligado a hacerlo así y, por tanto, si lo hace, viene castigado con una justa ley por parte de Dios, ya que no la comete contra la propia voluntad. Empero, la delectación antes de que se dé el consentimiento, prácticamente es nula, o es tan leve, que en realidad es nula y el consentir en ella es un pecado grave, dado que es ilícita, y tan pronto como uno consiente, comete pecado en el corazón. Y si llegase a la realización, parece que se sacia y extingue la pasión. Pero si después se repite la sugestión, se enciende todavía más la delectación, pero aún es mucho más inferior que cuando, con la repetición de actos, se ha formado la costumbre. En este caso es muy difícil superarla; pero si uno no abandona y no rehúye el combate cristiano, superará semejante costumbre con la guía y la ayuda de Dios. Así recobrará la paz y el orden primero, así como el hombre se somete a Cristo y la mujer al hombre. (1Cor. 11, 3; Ef. 5, 23)

35. Así, pues, como se llega al pecado a través de tres momentos: con el estímulo, la delectación, el consentimiento, así son tres las diferencias de pecados: en el corazón, en el acto y en la costumbre, casi como tres muertes. Una, como en casa, es decir, cuando se consiente a la sensualidad en la conciencia; la otra, como manifestada fuera de la puerta, cuando el consentimiento se traduce ya en el acto; y la tercera, cuando de la fuerza de la costumbre perversa, como si fuera una gran mole de tierra, se pudre ya en el sepulcro. Quien lee el Evangelio sabe que el Señor ha resucitado a estos tres tipos de muertos. Y quizás uno se puede dar cuenta de las diferencias que se dan en las mismas

expresiones en torno a la resurrección: en un lugar se dice: *Niña, levántate (Mc.5, 41)*; en otro se indica: *Joven, a ti te lo digo, levántate (Lc. 7, 14)*; y en el otro: *Se conmueve profundamente, llora y de nuevo se conmueve y después gritó con una gran voz: Lázaro, sal afuera.* (Jn. 11, 33.35.43)

36. Por consiguiente, en el concepto de fornicación considerado en este texto es oportuno entender toda satisfacción carnal y deshonesta. Dado que, con mucha frecuencia, la Escritura llama a la fornicación, idolatría, el apóstol Pablo, sin embargo, a la avaricia la califica de idolatría. (Col. 3, 5; Ef. 5, 5; Ez. 16, 15-22; Os. 4, 11-12) ¿Quién puede dudar que hay razón cuando se dice que todo mal deseo es fornicación, cuando el alma, despreciando la ley superior que le guía, se prostituye entregándose a seres de naturaleza inferior por el precio de viles placeres? Y, por tanto, cualquiera que sienta que la delectación carnal se rebela contra la recta voluntad por la costumbre de pecar, cuya desenfrenada violencia le reduce a esclavitud, reflexione cuanto pueda qué excelencia de paz perdió pecando y exclame: *¡Oh, hombre infeliz!, ¿quién me librará de este cuerpo de muerte? La gracia de Dios por Jesucristo Nuestro Señor.* (Rm. 7, 24-25) Así pues, ya que se reconoce infeliz, implora, llorando, la ayuda del Consolador. El conocimiento de la propia miseria, es una aproximación no pequeña hacia la felicidad. Por lo tanto, *Felices los que lloran, porque ellos serán consolados.* (Mt. 5, 5)

CAPÍTULO XIII

37. Después prosigue y dice: Pues, *si tu ojo derecho te es ocasión de pecar, sácatelo y arrójalo lejos de ti; pues te conviene más, que uno de tus miembros se pierda que todo tu cuerpo sea arrojado a la pena eterna*. (Mt. 5, 29) En este caso, hay que tener mucha fortaleza para amputar los miembros. Cualquier cosa que sea lo que se signifique aquí por ojo, es indudable que se refiere a algo que se ama intensamente. En efecto, aquellos que quieren expresar su amor con vehemencia, suelen decir: "Lo amo como a mis ojos y más que a mis ojos". El añadir *derecho* quizás sirve para aumentar la fuerza de ese amor. Si bien se tornan ambos ojos conjuntamente para ver e influyen de la misma manera a la hora de ver, sin embargo los hombres temen perder mayormente el derecho. Este puede ser el sentido: Sea lo que sea lo que amas y dado que lo tienes como si fuera el ojo derecho, si te es ocasión de escándalo, es decir, si te es impedimento para conseguir la verdadera felicidad, sácalo y arrójalo lejos de ti. Te conviene que perezca una de esas cosas, que la amas como miembros que te están adheridos, antes de que todo tu cuerpo sea arrojado al castigo eterno.

38. Continúa hablando de la mano derecha y de ella dice igualmente: *Si tu mano derecha es ocasión de pecar, córtatela y arrójala lejos de ti; te conviene que se pierda uno de tus miembros, antes de que todo el cuerpo sea arrojado en castigo eterno*. (Mt. 5, 30) Esto nos obliga a examinar más atentamente qué es lo que se entiende por *ojo*. En esta cuestión no se me ocurre algo más oportuno que se refiera al amigo más íntimo. Pues se puede considerar como el miembro al que amamos con más intensidad. Es también consejero, porque es el ojo que muestra el camino, y consejero en las cosas divinas, porque es nuestro ojo derecho, a fin de que también el izquierdo sea un amado consejero, pero para las cosas de la tierra, atento a las necesidades del cuerpo. Era superfluo hablar de él como ocasión de escándalo, desde el momento en que no se debe perdonar ni al derecho. En las cosas de Dios el consejero es ocasión de escándalo, si

con el pretexto de la religión y de la doctrina intenta inducir a cualquier herejía ruinosa. También se puede interpretar la mano derecha como un ayudante y querido colaborador en las obras que se refieran a Dios. En efecto, así como en el ojo se entiende la contemplación, así en la mano se entiende justamente la acción, de tal forma que la mano izquierda se entienda de las obras que son necesarias para esta vida y para el cuerpo.

CAPÍTULO XIV

39. *También se ha dicho: Quien despidiere a su mujer, dele libelo de repudio*. (Dt. 24, 1; Mt. 5, 31) Esta justicia menor es propia de los fariseos y no le es contrario lo que dice el Señor: *Yo, en cambio, os digo: Cualquiera que despidiese a su propia mujer, excepto en caso de fornicación, la expone al adulterio y quien se casa con una repudiada del marido comete adulterio*. (Mt. 5, 32) En efecto, aquel que mandó dar acta de repudio al despedir a su mujer, no mandó despedirla, sino que añadió: *Quien la despida, le dé libelo de repudio*, a fin que el pensamiento del repudio mitigase la cólera temeraria de quien desecha a su mujer. Y quien ordenó una dilación para despedirla, dio a entender, en cuanto pudo, a los hombres violentos que él no aprobaba el divorcio. Y por eso el Señor, preguntado sobre esto en otro lugar, respondió de esta manera: *Esto lo mandó Moisés por la dureza de vuestro corazón*. (Mt. 19, 8) Pues, aunque fuese muy duro aquel que quería despedir a su mujer, sin duda se aplacaría fácilmente pensando que, dado el libelo de repudio, ella podría sin peligro alguno casarse con otro. Y, por tanto, el Señor, para confirmar todo esto, es decir, que no se despidiera a la mujer con facilidad, hizo excepción solo del acto de fornicación; todas las demás molestias, si se diesen algunas, manda sean toleradas con firmeza por la fidelidad y la castidad conyugal. Y afirma que es adúltero quien se desposare con una mujer divorciada del marido. El apóstol Pablo muestra los límites de esta obligación, insistiendo en que esto se debe respetar hasta que viva el marido, consintiéndole desposar después de muerto. (Rm. 7, 2) También él tuvo presente esta norma y mostró en ella no su opinión personal, como en otros avisos, sino lo que mandó el Señor cuando dijo: *A los que viven en matrimonio les mando, no yo, sino el Señor, que la mujer no se separe del marido; y si se separase, que permanezca sin casarse y se reconcilie con el marido; y el marido que no repudie a su mujer*. (1Cor. 7, 10-11) De igual manera, creo que, si el marido la despide, no tome otra mujer, y cuando despidiere la propia, procure reconciliarse con ella. Puede, pues, suceder que despida a la mujer por motivo de fornicación, cosa que el mismo Señor quiso que fuese la excepción. Ahora bien, y si a ella no se le ha permitido desposarse, si está vivo el

marido del cual se ha separado, ni a él casarse con otra, si está viva la mujer de la que se separó, mucho menos se consiente el cometer violaciones carnales pecaminosas con cualquier otra persona. Mas ha de juzgarse que son más felices los matrimonios que, ya sea porque tienen criados los hijos, ya porque no pretenden tener prole, han podido mantener por mutuo acuerdo entre sí la continencia, lo cual no es contrario a aquel precepto en que el Señor prohíbe despedir a la mujer -pues no la despide quien convive con ella, no según la carne, sino según el espíritu - y así se observa lo que dice el Apóstol: *Por lo demás, que los que tienen mujer, vivan como si no la tuviesen.(1Cor. 7, 29)*

CAPÍTULO XV

40. Lo que suele inquietar la conciencia de los espíritus débiles, que, por otra parte, se esfuerzan por vivir según los preceptos de Cristo, es aquello que el mismo Señor dijo: *Si alguno de los que me siguen no aborrece a su padre y madre, a la mujer y a los hijos, y a los hermanos y hermanas, y aun a su vida misma, no puede ser mi discípulo.* (Lc. 14, 26) Para los menos inteligentes puede parecer algo contradictorio el que el Señor en un sitio prohíba despedir a la mujer, excepto por causa de fornicación, y en otro lugar niegue que pueda ser discípulo suyo quienquiera que no aborrece a su mujer. Porque si lo dijere por la relación carnal, no pondría en la misma condición al padre y a la madre, y a los hermanos. Sin embargo, es muy cierto que *el reino de los cielos sufre violencia y los violentos lo conseguirán.* (Mt. 11, 12) En efecto, ¡cuánta violencia debe hacerse el hombre para amar a sus enemigos y aborrecer al padre y a la madre, y a la mujer y a los hijos y hermanos! Pues ambas cosas manda aquel que nos llama al reino de los cielos. Y es fácil entender con su enseñanza que estas disposiciones no son contradictorias, sino que, una vez comprendidas, es difícil ponerlas en práctica, si bien también en este caso con su ayuda es muy fácil. En verdad, el reino eterno, al cual se ha dignado llamar a sus discípulos, a quienes llama hermanos (Mt. 12, 49), no posee este tipo de necesidades temporales: *Pues no hay ni judío ni griego, ni hombre, ni mujer, ni esclavo, ni libre, sino que Cristo está en todo y en todos.* (Ga. 3, 28; Col. 3, 11) Y el mismo Señor dice: *Después de la resurrección no tomarán ni marido, ni mujer, sino que serán como ángeles del cielo.* (Mt. 22, 30) Conviene, por tanto, que quien quisiere contemplar ahora la vida de este reino, odie no a los hombres, sino estas necesidades temporales con las que se sustenta esta vida transitoria, que transcurre entre el nacer y el morir. Quien no odia este estado temporal, no ama todavía aquella vida, que no está sujeta a estos condicionamientos del nacer y morir, que son las causas que determinan las relaciones matrimoniales.

41. Así pues, si yo preguntase a algún cristiano piadoso, que tiene mujer y que aún le engendra hijos, si querría tener mujer en el reino de los cielos, sin duda alguna, acordándose de las promesas de Dios relativas a aquella vida, donde *esto corruptible se viste de incorrupción y esto mortal se reviste de inmortalidad (1Cor. 15, 53)*, atraído por un grande, o al menos, cierto amor por aquella vida, responderá con horror que de ninguna manera querría tenerla. Y si de nuevo le interrogase, si después de la resurrección, aceptada la transformación angélica, que se promete a los santos, quisiera vivir allí con su mujer, responderá que desea esto con tanta vehemencia como no quería lo anterior. Así nos encontramos con que el buen cristiano ama en una mujer la criatura de Dios, que desea ser reformada y renovada, y sin embargo aborrece en ella la unión corruptible y mortal, es decir, amar en ella lo que es criatura humana y aborrecer lo que es de esposa. Así se ama también al enemigo, no en cuanto es enemigo, sino en cuanto es hombre, dado que desea que llegue a él lo que desea para sí mismo; es decir, que corregido y renovado llegue al reino de los cielos. Esto mismo se ha de entender en lo que se refiere al padre y a la madre y a los otros familiares (Lc. 14, 26), de tal forma que en ellos odiemos lo que corresponde al género humano por su condición de nacer y morir y amemos lo que juntamente con nosotros puede ser conducido a aquel reino en que nadie dice padre mío, sino que todos llaman al Dios uno: *Padre nuestro (Mt. 23, 9)*; ni dice nadie madre mía, sino que todos dicen de la Jerusalén celestial: Madre nuestra (Ga. 4, 26); ni dice nadie hermano mío, sino que todos y de todos dicen: Hermano nuestro. (Mt. 23, 8) El matrimonio, pues, consistirá en estar todos nosotros unidos en aquel que, por decirlo así, será nuestro único esposo (2Cor. 11, 2), el cual con la efusión de su sangre nos rescató de la corrupción de este mundo. Es necesario, pues, que el discípulo de Cristo aborrezca las cosas transitorias en aquellos que desea lleguen consigo a poseer aquello que siempre permanecerá; y tanto más aborrecerá en ellos estas cosas cuanto más les ama.

42. Así pues, puede vivir el cristiano en concordia con la mujer, bien sea para obtener el apaciguamiento de los sentidos, y esto, como dice el Apóstol, por condescendencia, no por obligación (1Cor. 7, 6), o para la

propagación de la especie, lo cual puede ser en algún grado laudable, o también viviendo con ella en sociedad fraterna sin relación carnal, teniendo mujer como si no la tuviera (1Cor. 7, 29), lo que es excelente y sublime en el matrimonio cristiano, de tal manera que odiará lo referente a la necesidad temporal y amará la esperanza de la felicidad eterna. En efecto, odiamos sin duda alguna lo que deseamos que algún día se acabe, como la misma vida en este mundo, ya que si no odiásemos esta vida temporal, no amaríamos la eterna, que no está sujeta a las vicisitudes del tiempo. Para una tal vida ha sido creada el alma, de la cual se ha dicho: *Quien no aborrezca incluso hasta su propia alma, no puede ser mi discípulo.* (Lc. 14, 26) Para esta vida es necesario el alimento corruptible, del cual el Señor mismo dijo: *¿No vale más el alma que la comida? (Mt. 6, 25)*, es decir, esta vida a la cual le es necesario el alimento. Y cuando dice que da su alma por las ovejas (Jn. 10, 15) se refiere a esta vida presente, ya que anuncia que morirá por nosotros.

CAPÍTULO XVI

43. Surge aquí otra cuestión. Dado que permite el Señor despedir a la mujer en caso de fornicación: ¿cómo hay que entender a qué se refiere la expresión fornicación? O entenderla como la entiende la gente normalmente, entendiéndola como la fornicación que se comete en los actos libidinosos, o en el sentido como lo que acostumbran entender las Escrituras, como ha sido indicado arriba, es decir, toda concupiscencia ilícita, como es la idolatría, o la avaricia o también toda transgresión de la ley para satisfacer apetitos desordenados. No obstante, mejor es consultar al Apóstol para no decir algo inconveniente: *Quienes están casados, mando, no yo, sino el Señor, que la mujer no se separe del marido; y si se separare, que permanezca sin casarse y se reconcilie con el marido.* (1Cor. 7, 10-11) Puede suceder que se separe por la causa que exceptuó el Señor; ahora bien, si no es lícito a la mujer dejar a su marido a no ser en caso de fornicación, y no le es lícito tener otro, ¿qué diremos de lo que dice posteriormente: *Y el hombre no despida a su mujer*? (1Cor. 7, 11)¿Por qué no añadió: excepto en caso de fornicación, cosa permitida por el Señor, sino porque quiso que se entendiera en igual forma, esto es, que, si el hombre repudia a la mujer -lo que se permite en caso de fornicación -, permanezca sin unirse a otra mujer o se reconcilie con la que tenía? No haría mal el marido en reconciliarse con aquella mujer a la cual, no habiéndose nadie atrevido a apedrear, dijo el Señor: *Anda y no peques más en adelante.* (Jn 8, 11) Porque el mismo que dijo que no está permitido despedir a la mujer sino por causa de fornicación (Mt. 5, 32), obliga a retenerla, cuando no exista esta causa; si se diese, no obliga a despedirla, sino que lo permite. De la misma manera se dice: No le es lícito a la mujer casarse con otro a no ser que haya muerto el marido; y si se hubiera casado antes de la muerte del marido, es culpable; pero si no se casare después de la muerte del marido, no es culpable; pues no se manda que se case, sino que se le permite. (1Cor. 7, 39) Pues, si es igual la fórmula en este aspecto jurídico del matrimonio entre el marido y la mujer, hasta tal punto que no solo de la mujer ha dicho el Apóstol: *La mujer no tiene el poder sobre su cuerpo, sino el marido*; sino que del marido no se calló, sino que dijo: *Igualmente, tampoco el hombre tiene el poder sobre su cuerpo, sino la*

mujer. (1Cor. 7, 4) Pues, si es idéntica la fórmula, no se debe pensar que le es lícito a la mujer separarse del marido, salvo en caso de fornicación, al igual que tampoco le es al marido.

44. Por consiguiente, debemos examinar cómo se ha de entender la palabra fornicación y para ello debemos consultar al Apóstol, como ya habíamos comenzado a hacerlo. Sigue diciendo: *A los demás, digo yo, no el Señor.* (1Cor. 7, 12) Aquí ha de indagarse en primer lugar a quién se refiere el Señor cuando dice: *a los demás*, porque arriba hablaba a los casados en nombre de Dios, pero ahora habla en nombre propio: *a los demás*; luego parece que aquí se dirige a los no casados; pero no es así, porque prosigue de esta manera: *Si algún hermano tiene por mujer a una infiel, y ésta consiente en habitar con él, no la repudie*; por consiguiente, también aquí habla a los casados. ¿Qué quiere, pues, significar al decir *a los demás*, sino que arriba hablaba a aquellos que se habían casado y que ambos estaban unidos a la fe de Jesucristo; mientras que ahora con las palabras *a los demás* designa a los matrimonios que no son los dos fieles [cristianos]? Pero ¿qué les dice?: *Si algún hermano tiene por mujer a una infiel [no cristiana] y ésta consiente en habitar con él, no la repudie; y si alguna mujer tiene por marido a un infiel [no cristiano] y éste consiente en habitar con ella, no abandone a su marido.* (1Cor. 7, 12-13) Por tanto, si no manda en nombre del Señor, sino que aconseja en nombre propio, esto es bueno, de tal manera que si alguno obrara de otro modo, no sería transgresor del precepto. Al igual que poco después comenta sobre las vírgenes, que no tiene precepto del Señor, sino que aconseja (1Cor. 7, 25) y de tal manera alaba la virginidad, que uno la puede abrazar libremente, de tal manera que si no lo hiciese, no se juzgue que lo hace contra el precepto del Señor. (1Cor. 7, 25-28) Una cosa es, pues, el precepto, otra el consejo y otra la condescendencia. Manda a la mujer que no se separe del marido; pero si llega a separarse, debe permanecer sin casarse o debe reconciliarse con el marido. (1Cor. 7, 10-11) No le es permitido obrar de otra manera. Aconseja al varón fiel, si tiene por mujer a una infiel que consiente habitar con él, que no la repudie. Sin embargo, le es lícito el repudiarla, porque no hay precepto del Señor que prohíba despedirla, sino consejo del Apóstol; como se aconseja a una virgen que

no se case; pero, si se casa, no sigue el consejo del Apóstol, pero no obra contra precepto alguno. Se tolera cuando se dice: *esto lo digo por condescendencia, no porque lo mande.* (1Cor. 7, 6) Por lo cual, si es lícito despedir al cónyuge infiel, aunque sea mejor el no despedirlo, puesto que no está permitido según el precepto del Señor despedir al cónyuge sino por causa de fornicación, se deduce de aquí que la infidelidad es también fornicación.

45. Pero ¿qué es lo que dices, Apóstol? Ciertamente que el varón fiel no despida a la mujer infiel que consiente habitar con él. Sí, afirma. Porque si incluso el Señor manda que el varón no despida a la mujer sino por causa de fornicación, pero ¿por qué dices *yo lo digo, no el Señor*? (1Cor. 7, 12) Porque la idolatría que practican los infieles y cualquier otra superstición maléfica es fornicación. El Señor, ha permitido en caso de fornicación, que la mujer sea abandonada, pero porque lo ha permitido, no obligado, ha dado posibilidad al Apóstol de aconsejar que quien lo deseese no abandone a la mujer pagana, porque pudiera llegar con el tiempo a ser cristiana. Pues dice: *Porque un marido infiel [no cristiano] se santifica por una mujer fiel y la mujer infiel se santifique por el marido fiel [cristiano].* (1Cor. 7, 14) Pienso que ya había sucedido que algunas mujeres habían conseguido llegar a la fe a través de maridos cristianos y los maridos a través de las mujeres cristianas, y, por tanto, sin nombrarlas, exhorta con los ejemplos para confirmar así su consejo. Después continúa diciendo: De lo contrario, *vuestros hijos serían impuros; sin embargo ahora son santos.* (1Cor. 7, 14) Había ya niños cristianos que habían sido bautizados, bien fuera por obra de uno de los padres o por consentimiento de ambos. Lo que no hubiera sucedido si el creyente hubiera disuelto el matrimonio y no tolerase la infidelidad de su cónyuge hasta que llegase la oportunidad de creer. Tal fue el consejo de aquel a quien me parece se le dijeron estas palabras: *Si gastases de más, te lo abonaré a mi vuelta.* (Lc. 10, 35)

46. Todavía más: Si la infidelidad es fornicación y la idolatría es infidelidad y la avaricia, idolatría, no se debe dudar que también la avaricia es fornicación. ¿Quién puede, pues, distinguir, con justo juicio, todo deseo ilícito del concepto general de fornicación, si la avaricia es fornicación? De lo que se deduce que puede el varón, sin faltar, despedir a la mujer y la mujer al marido por causa de ilícitas concupiscencias, no solo por aquellas que tienen por objeto la relación carnal con hombres o mujeres ajenos, sino por todas las que inducen al alma a violar la ley de Dios abusando del cuerpo y que torpe y funestamente se corrompa, y la razón es porque el Señor hace excepción de la causa de fornicación. Y esta fornicación, como hemos indicado arriba, nos vemos obligados a entenderla en su sentido más general y universal.

47. Cuando dice: *Excepto por causa de fornicación*, no explica de parte de quién, si del varón o de la mujer. En efecto, no se concede despedir solo a la mujer culpable de fornicación, sino también cuando el hombre despide a la mujer, que le obliga a fornicar, la despide por causa de fornicación. Como si la mujer induce al marido a ofrecer sacrificios a los ídolos, quien por esto la repudia, por causa de fornicación, la despide y no solo de parte de ella, sino también de él. De ella, porque realmente fornica; y suya, para que no fornique. Nada hay más inicuo que despedir a la mujer por causa de fornicación, si él mismo está convencido de fornicar también. Ocurre aquello que dice el Apóstol: *En lo que condenas a otro, te condenas a ti mismo haciendo, como haces, aquellas mismas cosas que condenas.* (Rm. 2, 1) Por tanto, quienquiera que desee despedir a la mujer en caso de fornicación, antes debe estar limpio de ese pecado; lo que, igualmente, digo también a la mujer.

48. En cuanto a aquellas palabras: *El que se casare con la despedida, es un adúltero (Mt. 5, 32)*, se puede preguntar que, así como el hombre que se casa con ella comete adulterio, lo comete igualmente la mujer. Se le manda a ella que permanezca sin casar, o

que se reconcilie con el marido; pero se dijo que si ella abandonase al marido primero. Conviene saber si es despedida o ella misma se despide. Pues si ella misma despidiese al marido y se casase con otro (1Cor. 7, 11), y, según parece, abandona ella primero al marido por el deseo de cambiar de matrimonio, sin duda es un pensamiento adulterino. Pero si ella es despedida por el marido, con quien ella quería permanecer, es ciertamente adúltero el que se casa con ella, según el mandato del Señor, pero no consta que ella sea culpable de mismo delito. No se podría explicar muy bien, cómo, si el hombre y la mujer se casan con mutuo consentimiento, uno sea adúltero y no lo sea también ella. Añádase todavía a todo esto que, si es adúltero aquel que se casa con la que está separada del marido, aunque ella no lo abandonase, sino que hubiera sido despedida, ella misma le hace adúltero, esto ciertamente fue prohibido por el Señor. De lo que se deduce que, bien sea que fuera despedida o que ella lo despidiese, ella debe permanecer sin casarse o se debe reconciliar con el marido.

49. Se podría preguntar todavía si con el permiso de la mujer, ya sea porque es estéril, o porque no quiere someterse a la relación conyugal, se acerca el marido a otra mujer, que no esté casada con otro, ni separada del marido, si podría hacerlo sin cometer adulterio. En la historia del Antiguo Testamento se encuentra un ejemplo. Pero los preceptos actuales, para los cuales los antiguos prepararon al género humano, son más elevados. Éstos deben ser considerados de tal manera que no se vaya a encontrar allí normas de conducta, sino para distinguir en diversos momentos la preocupación de la divina Providencia, según los cuales Dios vino en ayuda del género humano de una forma muy ordenada. Qué significa aquello que dice el Apóstol: *La mujer no tiene potestad sobre su cuerpo, sino el marido; y de idéntica manera, el marido no tiene potestad sobre su cuerpo, sino la mujer*: (1Cor. 7, 4) Puede tener tal valor que permitiéndolo la mujer, que tiene potestad sobre el cuerpo del marido, pueda el varón unirse carnalmente con otra, que ni sea mujer de otro, ni esté separada del marido. No se debe pensar de esta forma, ni tampoco que pueda hacerlo la mujer con consentimiento del marido. Todo ello lo excluye el sentido común.

50. Aunque pudieran existir algunas circunstancias en las que parezca que la mujer, con el consentimiento de su marido, debiera hacer esto en favor del marido, como se refiere que aconteció en Antioquía, hace unos cincuenta años, en tiempo de Constancio. Pues Acindino, prefecto a la sazón, y que también fue cónsul, exigiendo al fisco a cierto deudor una libra de oro, irritado por no sé qué causa, lo cual generalmente es muy peligroso en estas autoridades, a las que todo les es lícito, o se cree que les es lícito, le amenazó, jurando y afirmando con vehemencia que el deudor, si pasado cierto día, que señaló, no pagaba dicho oro, le mataría. Así pues, estando él cruelmente detenido en la cárcel, y no pudiendo librarse de aquella deuda, empezó a ser inminente y a acercarse el día tan temido. Tenía, por cierto, una mujer bellísima, pero sin dinero alguno con el cual pudiera ayudar al marido. Habiéndose enamorado un rico de la belleza de aquella mujer y sabiendo que el marido se encontraba en aquel trance, envió a decirle que le daría aquella cantidad de oro por una noche, si accedía a pasarla en su compañía. Entonces ella, consciente de que no tenía el poder sobre su cuerpo, sino el marido, se lo contó a él y que estaría dispuesta a hacerlo por el marido, si él, dueño del cuerpo conyugal, al cual se le debía toda castidad, quería que esto sucediese como si fuera algo propio por su vida. Le dio las gracias y le autorizó a hacerlo, no juzgando que aquella era una relación adulterina, ya que lo que le preocupaba no era la pasión, sino un gran amor por el marido, que así lo quería y lo mandaba. La mujer se dirigió a la casa de campo de aquel rico e hizo lo que quiso aquel desvergonzado. Pero ella entregó su cuerpo solo por el marido, dado que no quería tener relaciones matrimoniales, como lo hacía de costumbre, sino que lo que deseaba era seguir viviendo. Recibió el dinero, pero el rico, con fraude, sustrajo lo que le había dado, sustituyéndolo con otro paquete semejante lleno de tierra. Lo cual, así que la mujer, ya en su casa, descubrió todo aquello, lo publicó, diciendo lo que había hecho impulsada por el amor al marido y el motivo por el que se vio obligada a hacerlo. Interpela al prefecto, confiesa todo lo hecho y manifiesta el fraude de que fue víctima.

Entonces el prefecto, reconociéndose culpable, dado que con sus amenazas se había llegado a aquel extremo y como si pronunciase sentencia contra otro, determinó que de los bienes de Acindino se abonase al fisco la libra de oro, y aquella mujer fuese constituida dueña de aquel terreno de donde se tomó la tierra cambiada por el oro. Sobre este acontecimiento no hay por qué discutir. Que se permita a cada uno juzgar como mejor le parezca, ya que este hecho no está tomado de ningún libro inspirado. Una vez referido el hecho, no repugna tanto al sentido humano lo que realizó aquella mujer bajo el mandato del marido, al igual que antes lo hemos rechazado cuando se trataba el caso sin ejemplo alguno. Sin embargo, en este paso del Evangelio nada se debe considerar más atentamente sino el gran mal que es la fornicación, hasta tal punto que, si bien es cierto que los matrimonios son declarados indisolubles por un vínculo tan fuerte, sin embargo se presenta este motivo para ser disuelto. En qué consiste la fornicación ha sido ya tratado más arriba.

CAPÍTULO XVII

51. Y sigue diciendo Jesús: *Habéis oído que se dijo a los antiguos: No jurarás en falso, antes bien cumplirás los juramentos hechos al Señor. Yo os digo más: que de ningún modo juréis, ni por el cielo, porque es el trono de Dios; ni por la tierra, porque es la peana de sus pies; ni por Jerusalén, porque es la ciudad del gran Rey; ni tampoco juréis por vuestra cabeza, pues no está en vuestra mano el hacer blanco o negro un solo cabello. Sea, pues, vuestro hablar: Sí, sí; no, no, porque lo que pasa de esto proviene del mal.* (Mt. 5, 33-37) La justicia de los fariseos consiste en no perjurar. Lo confirma esto quien prohíbe jurar, ya que esto pertenece a la justicia del reino de los cielos. Así como no puede decir algo falso quien no habla, así tampoco puede perjurar quien no jura. Sin embargo, dado que jura quien pone como testigo a Dios, hay que considerar con cuidado este capítulo, a fin de que no parezca que el Apóstol actuó contra el precepto del Señor, ya que con frecuencia juró, cuando dice: *Lo que os escribo, os lo digo delante de Dios que no engaño.* (Gal. 1, 20) Y en otro lugar dice: *El Dios y Padre de Nuestro Señor Jesucristo, que es bendito por los siglos, sabe que no miento.* (2Cor. 11, 31) Y lo mismo después: *Dios es mi testigo a quien sirvo con mi espíritu en el Evangelio de su Hijo, como os recuerdo continuamente en mis oraciones.* (Rm. 1, 9-10) A no ser que alguno diga que solamente hay juramento cuando se dice por qué se jura; y así Pablo no ha jurado, ya que no ha dicho: por Dios, sino que dijo: *Dios es testigo.* Es ridículo pensar de esta manera. Sin embargo, por lo obstinados y cortos de mente, con el fin de que no piense alguien que haya diferencia, sepa que el Apóstol juró cuando dice: *Cada día muero por vuestra gloria.* (1Cor. 15, 31) Y no se piense que la frase significa: vuestra gloria me hace morir todos los días, según se acostumbra a decir: por el magisterio de fulano he llegado a ser doctor, es decir, por su magisterio se ha llegado a ser más docto. Los ejemplares griegos dirimen la cuestión, pues en ellos se escribe: *Νὴ τὴν καύχσιν ὑμετεραν*, lo que solo puede decir el que jura. Por lo tanto, se entiende así que el Señor mandase no jurar, a fin de que el Señor no recurra al juramento como si fuera algo bueno y que con la costumbre de jurar caiga en el perjurio. Por tanto, quien entiende que el juramento se debe usar no para las buenas acciones, sino en caso de

necesidad, lo evite, en cuanto sea posible, y que solo lo use por necesidad, cuando se dé cuenta que los hombres son tardos para poder creer una verdad que es útil para ellos el creerla a no ser que venga confirmada con juramento.

A esto se refiere lo que se ha dicho: *Sea vuestro modo de hablar: Sí, sí; no, no*. Esto es bueno y deseable. *Lo que pasa de esto, viene del mal*. (Mt. 5, 37) Si te sientes obligado a jurar, tienes que saber que viene de la debilidad de aquellos a quienes aconsejas. Esta debilidad ciertamente es un mal, del cual cada día pedimos ser liberados, cuando rezamos: *Líbranos del mal*. (Mt. 6, 13) Es verdad que no dice: Todo lo que pasa de esto es malo: tu ciertamente no haces el mal si estás usando rectamente el juramento y, si no es bueno, sin embargo es necesario que de tal forma convenzas al otro de algo útil que le aconsejas; pero *viene de un principio malo*, por cuya debilidad te ves obligado a jurar. Pero solamente quien lo ha experimentado, sabe qué difícil es reprimir la costumbre de jurar y de no realizar nunca desconsideradamente un acto, que en otro momento la necesidad le obliga a realizar.

52. Se puede preguntar por qué después de la frase: *Yo os digo que de ningún modo juréis*, se añadió lo siguiente: *Ni por el cielo, porque es el trono de Dios*, y lo restante hasta donde se dice: *Ni por tu cabeza*. (Mt. 5, 34-36) Creo que porque los judíos no juzgaban sentirse obligados al juramento, si jurasen por estas cosas. También porque habían oído: *Cumplirás los juramentos hechos al Señor (Mt. 5, 33)*, juzgaban que no debían al Señor el juramento si juraban o por el cielo, o por la tierra, o por Jerusalén o por la cabeza. Y esto se hizo no por culpa de quien mandaba, sino por falta de comprensión de ellos. De esta forma enseña el Señor que nada es tan vil en las criaturas del Señor que se juzgue que es posible jurar por ellas, siendo así que todas estas cosas creadas desde las más perfectas a las menos son gobernadas por la divina Providencia, comenzando por el trono de Dios hasta el cabello blanco o negro. *Ni por el cielo*, dice, *porque es el trono de Dios*;

ni por la tierra, porque es la peana de sus pies; es decir, que cuando juras por el cielo o por la tierra, no juzgues que no debes a tu Señor el juramento, porque has sido inducido a jurar por aquel cuyo trono es el cielo (Mt. 23, 22) y cuya peana es la tierra. *Ni por Jerusalén, porque es la ciudad del gran Rey (Mt. 5, 35)*; es mejor que si dijese mía, no obstante que se entiende en este sentido. Y dado que de ella es él ciertamente el Señor, quienquiera que jura por Jerusalén, al Señor debe cumplir el juramento. *Ni jurarás por tu cabeza.* ¿Qué cosa podría considerar un hombre que le pertenece más a él que su misma cabeza? Pero ¿cómo se puede considerar nuestra, si no tenemos el poder de hacer en ella que un cabello sea blanco o negro? Por tanto debe hacer juramento a Dios, que inefablemente sostiene todas las cosas y en todo lugar está presente, todo aquel que quisiera jurar por su cabeza. Aquí se entienden todas las demás cosas, las cuales ciertamente no podrán nombrarse en este lugar, como aquella forma del Apóstol que hemos mencionado más arriba, el cual dice: *No hay día, hermanos, en que yo no muera por vuestra gloria,* cuyo juramento, para mostrar que lo debía cumplir a Dios, añadió: *la que está en Jesucristo, nuestro Señor.* (1Cor. 15, 31)

53. Sin embargo, diré aquí por causa de los carnales: no se debe interpretar la frase que el cielo es el trono de Dios y la tierra la peana de sus pies en sentido de que Dios tenga colocados los miembros en el cielo y en la tierra como cuando estamos sentados; pero aquel asiento que le asignamos significa juicio. Y porque en el conjunto universal del mundo, el cielo tiene la mayor belleza, y la tierra la menor, dícese que Dios se sienta en el cielo y que pisa la tierra, como si el poder divino estuviese más próximo a la hermosura más excelente y concediera a la menor un lugar más distante e inferior. En sentido espiritual el concepto de cielo indica las almas elegidas y el de tierra las pecadoras. Y dado que *el hombre espiritual juzga todas las cosas y no es juzgado por nadie (1Cor. 2, 15)*, es considerado justamente como el trono de Dios. Pero el pecador, al cual fue dicho: *tierra eres y a la tierra irás (Gn. 3, 19)*, convenientemente se toma por la peana de sus pies; porque la justicia otorga a cada uno lo que merece, le echará a un lugar

inferior, y el que no quiso permanecer en la ley, debajo de la ley será castigado.

CAPÍTULO XVIII

54. Sin embargo, para que podamos concluir esta temática importante, ¿qué se puede decir o pensar que haya sido más trabajoso y laborioso, donde el alma fiel ejerza todo su vigor y habilidad, que el superar una costumbre viciosa? ¡Ampute el cristiano todos los miembros que impidan la entrada en el reino de los cielos a fin de que no se rompa con el dolor! Soporte en la fidelidad conyugal todas las dificultades, que, aunque sean muy molestas, no tienen delito de corrupción impura, esto es, de fornicación. Es como si uno tiene una mujer, bien que sea estéril, o deforme del cuerpo, o con miembros muy débiles, ciega, sorda o coja o con cualquier otra imperfección, o que esté consumida por enfermedades o dolores, o cualquier otra cosa horrible que se pueda pensar, excepto la fornicación, todo ello lo debe soportar por la fe y la humana convivencia. Y no solo no debe repudiar a tal mujer, sino que, aunque no la tuviera, no se case con una que está separada del marido, y que sea bella, sana, rica y fecunda. Y si no le es lícito hacer todo esto, mucho menos se juzgará lícito acceder a otra cualquier forma ilícita de relación sexual y huya de la fornicación por tratarse de una perversión indecorosa. Y diga la verdad y no la confirme con frecuentes juramentos, sino con la honestidad de las costumbres. Y refugiándose en la roca del combate cristiano, como desde un lugar más elevado abata la innumerable tropa, que se rebela contra uno mismo, de todas las malas costumbres, de las que muy pocas han sido enumeradas con el fin de que sean todas conocidas. Pero ¿quién se atreve a emprender tantas fatigas, sino quien arde de tal modo en el amor a la justicia que, encendido ardientemente por el hambre o por la sed, y sintiendo su vida insignificante hasta que no se sacie de ella y se hace violencia por el reino de los cielos? En efecto, de ninguna otra manera se podría considerar fuerte para poder soportar todo lo que, en el extirpar los malos hábitos, juzgan los amadores de este mundo ser penoso, afanoso y de todo punto difícil. *Felices, pues, los que tienen hambre y sed de la justicia, porque ellos serán saciados.* (Mt. 5, 6)

55. No obstante, cuando en estos trabajos alguno sufre dificultad, y caminando por duras y ásperas sendas rodeado de varias tentaciones y viendo que por uno y otro lado se levantan enormes obstáculos de la vida pasada, teme no poder llevar a cabo la obra emprendida, acoja el consejo para merecer la ayuda. Y qué otra cosa puede ser el consejo sino soportar la debilidad de los otros y socorrerla, cuanto sea posible, ya que desea que también llegue la ayuda de Dios a su propia debilidad. Y así podemos pasar a considerar las obras de misericordia. El sencillo y el misericordioso parecen ser una misma cosa. Pero hay una diferencia, y es que el sencillo, del que hemos hablado más arriba, no se opone a las sentencias divinas pronunciadas contra sus pecados y a las palabras de Dios que todavía no llega a entender, pero no presta ningún beneficio a quien no contradice ni se opone: El misericordioso, sin embargo, de tal manera no se opone que hace lo que sea por la corrección de aquel que con la oposición le convertiría en peor.

CAPÍTULO XIX

56. Sigue el Señor diciendo: *Habéis oído que se dijo: Ojo por ojo y diente por diente; pero yo os digo que no os opongáis al que haga el mal; sin embargo, si alguien te hiriese en la mejilla derecha, vuélvele también la izquierda; y a quien te quiera llamar a juicio y quitarte la túnica, ofrécele también la capa; y quien te forzare a ir con él mil pasos, vete con él otros dos mil. Al que te pida dale y no vuelvas tu rostro al que pretende de ti algún préstamo. (Mt. 5, 38-42)* La justicia menor de los fariseos consiste en no traspasar la medida de la venganza para que uno no devuelva mayor daño que el que recibió; este es un gran paso. Porque no se encuentra fácilmente un hombre que, habiendo recibido un puñetazo, se limite a devolver otro; o que a una palabra injuriosa de quien injuria, se contente con devolver otra solamente y que esta signifique lo mismo; sin embargo, se venga en demasía, bien sea perturbado por la ira o porque juzga justo dañar más gravemente al ofensor que lo que fue el inocente ofendido. Tal disposición de ánimo fue en gran parte frenada por la Ley, en la que se dice: *ojo por ojo y diente por diente (Ex. 21, 24)*; con estos términos se expresa la medida de la venganza, la cual, según ella, no debe exceder a la injuria. Esto es el principio de la paz; la paz perfecta: el no desear tal venganza.

57. Por tanto, entre aquello primero, que está fuera de la ley, en que uno devuelve un mal mayor por uno menor, y esto último que mandó el Señor para perfeccionar a sus discípulos, de no devolver mal por mal, hay un término medio, es decir, que se devuelva cuanto se ha recibido; por lo cual, de esta forma, se ha realizado, según la distribución de los tiempos, el paso de la suma discordia a la concordia perfecta. Así, pensad qué diferencia tan grande hay, entre aquel hombre que cometió primero el mal con la intención de ofender y dañar y el otro, que no lo devuelve, aunque le hayan ofendido. Quien, por el contrario, no ha realizado el mal en primer lugar, pero ofendido devuelve de voluntad o de obra mayor mal que el que recibió, se separa un tanto de la extrema

iniquidad y se acerca a la justicia perfecta; sin embargo, no observa todavía lo que manda la ley dada por medio de Moisés. Mas aquel que devuelve un daño igual al que recibió, ya hace una concesión, porque no son iguales la pena que merece el ofensor culpable y la sufrida por el inocente a quien dañó. Mas esta justicia, no severa, sino misericordiosa, fue perfeccionada por aquel que vino a cumplir la Ley, no a quebrantarla. (Mt. 5, 17) Así pues, aun dejando a la penetración de las inteligencias los dos grados que hay intermedios, prefirió el Señor hablar de la suma perfección de la misericordia. Porque aún resta algo que hacer a aquel que no cumple con todas sus fuerzas las grandezas de este precepto, dado con miras al reino de los cielos; como es que no devuelva tanto daño como recibió, sino menos; por ejemplo, dar una bofetada por dos que recibió o cortar una oreja por un ojo que le fue vaciado. Pero sube más aquel que absolutamente no devuelve mal alguno y se aproxima también más al precepto del Señor, pero aún no llega a cumplirlo.

Le parece todavía poco al Señor, si en lugar del mal que has recibido no devuelves nada de lo mismo, si no estás dispuesto a soportar algo más. Por lo cual no dijo: *Yo os digo que no devolváis mal por mal*, aunque ya sea este un gran precepto, sino que dijo: No resistáis al mal, de tal modo que no solo no devuelvas lo que se ha irrogado, sino que no resistáis a los que os causen otro daño. Esto es, pues, lo que dice acto seguido: *Antes, si alguien te hiriere en la mejilla derecha, vuélvele también la izquierda.* (Mt. 5, 39) Pues no ha dicho: Si alguno te golpea, no debes golpearle, sino estate dispuesto a que te golpee todavía. Entienden que el mandamiento pertenece a la misericordia sobre todo aquellos que se entregan a los que aman sobremanera, por ejemplo a los hijos o a otras persona queridas enfermas, o niños o a dementes. Frecuentemente reciben muchos sufrimientos de estos y si su salud lo requiere están dispuestos a sufrir más todavía, hasta el día que termine la crisis de la edad o de la enfermedad. Pues ¿qué otra cosa podía enseñar el Señor, médico de las almas, a aquellos a los que estaba educando para cuidar al prójimo, sino soportar con ánimo tranquilo las deficiencias de aquellos que están dispuestos a preocuparse por su salvación? Todo vicio procede de la deficiencia de la conciencia, ya que no hay nada más inocente que quien es perfecto en la virtud.

58. Se puede investigar qué significa la mejilla derecha, pues así se lee en los códices griegos, que son los que merecen mayor credibilidad. Sin embargo, muchos códices latinos solo dicen mejilla, no la derecha. Por la cara es por lo que se reconoce a la gente. Así leemos en el Apóstol: *Porque nosotros aguantamos a quien os reduce a esclavitud, a quien os devora, a quien toma vuestros bienes, a quien os trata con altanería, a quien os hiere en el rostro;* añadiendo después: *digo esto en cuanto a la afrenta (2Cor. 1, 20-21)*, con la intención de hacer ver qué significa ser herido en el rostro, es decir, ser despreciado y confundido. El Apóstol no dice estas cosas para dispensarles de sufrir a estos, sino más bien para que lo soportasen como él mismo, que les amaba de tal manera que se sacrificaba por ellos. (2Cor. 12, 15) Y dado que el rostro no se puede considerar derecho o izquierdo y, además, siendo que la reputación puede ser o según Dios o según el mundo, se señala la mejilla derecha y la izquierda, significando que todo discípulo de Cristo que haya sido despreciado por el título de cristiano esté dispuesto a que sean despreciados los honores mundanos, si tuviere alguno. A ejemplo del mismo Apóstol, cuando los hombres condenaban en él el nombre de cristiano, no habría presentado la otra mejilla a los que le herían en la derecha, si silenciaba el honor que poseía en el mundo. Diciendo: *Soy ciudadano romano (Hch. 22, 25)*, no quería decir con esto que no estaba preparado para que esta pequeña gloria, que tenía en muy poco, fuera en él menospreciada por aquellos que en él despreciaban un nombre tan precioso y saludable. ¿Acaso soportó después con menos paciencia las cadenas, que no era lícito colocar a los ciudadanos romanos, o decidió acusar a alguno de esta injusticia? Y si algunos por el título de ciudadano romano se lo perdonaron, no por eso dejó de ofrecerse a los golpes, anhelando con su paciencia apartar de tanta perversidad a aquellos que veía querían honrar en él más el lado izquierdo que el derecho. En efecto, se debe poner mucha atención para ver con qué intención se hacía todo esto y cuánta benevolencia y dulzura manifestó hacia aquellos de quienes recibió esta ofensa. Cuando por orden del pontífice recibió una bofetada, por parecer a éste

que hablaba con insolencia, al decir: *Dios te castigará, pared blanqueada (Hch. 23, 3)*, para los menos inteligentes parece una injuria, pero para los inteligentes fue una profecía. La pared blanqueada es la hipocresía, es decir, la ficción que se pavonea de la dignidad sacerdotal y que bajo este título, como cándida vestidura, esconde la fealdad interior, parecida al barro. Mantuvo milagrosamente una actitud humilde cuando se le dijo: *¿Ofendes al jefe de los sacerdotes?* Él respondió: *No sabía, hermanos, que es el jefe de los sacerdotes; ya que se escribió: No ofenderás al jefe de tu pueblo. (Hch. 23, 4-5)* De esta manera demostró con cuánta tranquilidad pronunció aquellas palabras que parecía haberlas dicho con ira, respondiendo con mucha rapidez y calma; y esto no es posible que venga de personas indignas e inquietas. Y en eso mismo dijo una verdad para los que quisieran entenderla: *No sabía que es el príncipe de los sacerdotes (Hch. 23, 5)*, como si quisiera decir: He conocido otro jefe de los sacerdotes, en cuyo nombre soporto estas ofensas y a quien no es lícito insultar y, sin embargo, le habéis insultado, ya que en mí no habéis odiado a otro sino a Él. Así, hace falta hablar estas cosas sin fingimiento, y tener un corazón dispuesto a todo para poder cantar aquellas palabras del profeta: *Mi corazón está dispuesto, oh Dios, dispuesto está mi corazón. (Sal. 56, 8)* Hay muchos que aprendieron a colocar la otra mejilla, pero no saben amar a aquel que les ha herido. Mas el mismo Señor, que fue el primero en cumplir lo que prescribió, no le puso la otra mejilla, sino que al siervo del sacerdote que le hirió en la mejilla le dijo: *Si he hablado mal, dame pruebas; pero si he obrado bien, ¿por qué me pegas? (Jn. 18, 23)* Sin embargo, no estaba su corazón menos preparado, no solo para ofrecer la otra mejilla por la salvación de todos, sino para entregar todo su cuerpo a ser crucificado.

59. Por consiguiente lo que sigue: *Y a quien quisiera llevarte a juicio y quitarte la túnica, dale también la capa (Mt. 5, 40)*, se ha de entender rectamente este precepto en orden a la disposición del corazón, no a un acto de ostentación. Y lo que se ha dicho sobre la túnica y la capa no debe ser tenido en cuenta solo de eso, sino dígase de todos los bienes, que por algún derecho los consideramos como de nuestra propiedad. Y si esto ha sido mandado en cuanto a las cosas

necesarias, con más razón hay que despreciar las cosas superfluas. Sin embargo, los bienes considerados de nuestra propiedad deben colocarse en el rango que el Señor prescribió cuando dijo: *Si alguno desea llevarte a juicio para quitarte la túnica*. Hay que entender esto referido a todos los bienes por los cuales se nos puede llamar a juicio, de tal manera que de nuestra propiedad pasen a la propiedad de aquel que llama a juicio o por quien se llama a juicio como es un vestido, una casa, un campo, una bestia de carga o en general todo lo que sea dinero. Es un problema más serio si se deben incluir también los esclavos. No es conveniente que alguien posea un esclavo como puede poseer un caballo o el dinero, aunque puede ser que valga más un caballo que el siervo y mucho más si es algo que sea de oro o de plata. Sin embargo, si el siervo es educado por ti y dirigido por ti, que eres su amo, más sabia, honesta y rectamente al servicio de Dios que lo puede ser aquel que desea quitártelo, ignoro si alguien se atrevería a decirte que lo debes despreciar como al vestido. Un hombre debe amar al otro como a sí mismo (Mt. 5, 44), a quien mandó el Señor de todos que ame también a los enemigos, como se demuestra en lo que sigue.

60. También se debe tener en cuenta que toda túnica es vestido, pero no todo vestido es túnica. Por el término vestido se entienden más cosas que por el nombre de túnica. Y, por consiguiente, por esto juzgo que se pudo decir así: *Y quien quisiera llevarte a juicio y quitarte la túnica, entrégale también el vestido*, como si dijera: Quien te quisiere quitar la túnica, dásela e incluso cualquier clase de vestido. Sin embargo hay algunos que interpretan por capa lo que en griego se dice *tmátiov*.

61. *Y a quien te forzare a ir con él mil pasos, vete otros dos mil (Mt. 5, 41)*, dice el Señor. Y esto no tanto porque tú camines con los pies cuanto lo que estás dispuesto a hacer con la intención. En efecto, en la historia del cristianismo, que tiene su autoridad, no encuentras que un tal comportamiento fuera el de los santos o del mismo Señor, que nos ofreció un modelo de conducta al asumir la naturaleza humana. Y cómo

en casi todos los lugares encuentres a todos preparados a soportar con ánimo sereno las más injustas exigencias. Y lo de: *vete con él otros dos mil*, ¿pensamos que se dijo como ejemplo o verbigracia?; ¿o quiso más bien que se completaran tres mil, significando este número la perfección, recordando alguien que haciendo esto cumple la plena justicia, soportando con misericordia las enfermedades de aquellos que desea sanar? También se puede ver que insinuase estos preceptos con tres ejemplos, de los cuales el primero es: si alguno te abofetea en la mejilla; el segundo, si alguno quiere quitarte la túnica; el tercero, si alguno te obligase a dar con él mil pasos, y en este tercer ejemplo, a la unidad se le ha añadido el duplo, con el fin de que se complete el triplo. Y si este número, en el paso que comentamos, no simboliza la perfección, según hemos dicho, se interprete que el Señor comenzó por mandar lo más fácil y subió paulatinamente hasta llegar a completar el doble. En efecto, en primer lugar se ha querido que presente la mejilla izquierda aquel que fue abofeteado en la derecha, significando que esté preparado para sufrir un agravio menor que el inferido. Todo lo que pueda significar la derecha, es ciertamente más estimado que lo que signifique la izquierda, y si alguno ha sufrido algo en un objeto muy querido, es menos doloroso soportarlo cuando se trata de un objeto menos apreciado. Después ordena ceder también la capa a aquel que quiere quitarle la túnica, ya que es de la misma medida o no mucho más amplia, pero no el doble. En el tercer caso, o sea de los mil pasos, al que le dice de añadir otros dos mil, manda estar preparado hasta soportar el doble; significando así que si algún malhechor quisiere ser malo contigo, se debe soportar con resignación, ya sea algo menos o lo mismo o incluso más que lo sufrido anteriormente.

CAPÍTULO XX

62. No veo que se haya omitido ningún tipo de injuria en estas tres clases de ejemplos. En todos los casos en los que sufrimos alguna clase de maldad se distinguen dos tipos, de los cuales uno se da si no es posible restituir, y el otro si es posible la restitución. En el caso en que no es posible restituir normalmente se recurre a un expediente de castigo. ¿Qué te aprovecha el golpear a aquel que te golpeó?; ¿acaso volverá a su estado íntegramente la herida que se produjo en el cuerpo? Y sin embargo una conciencia inquieta desea tales lenitivos; al sensato y firme todo esto no le complace; al contrario, se juzga mejor tolerar misericordiosamente la debilidad del otro, antes que, con el suplicio ajeno, mitigar la propia, que es nula.

63. No se prohíbe en este caso aquel castigo que sirve para la corrección. También ella misma pertenece a la benevolencia y no impide la determinación de que cada uno esté dispuesto a tolerar muchas cosas de parte de aquel que desea ser corregido. Pero solo es idóneo para aplicar esta venganza aquel que con la grandeza del afecto haya superado el odio, que suele inflamar a quienes desean vengarse. No se debe temer, pues, que los padres parezcan odiar al hijo pequeño cuando le azotan por haber cometido una falta, a fin de que no vuelva a cometerla. Por lo demás, ciertamente, la perfección del amor nos viene propuesta en la imitación del mismo Dios Padre (Mt. 5, 48), cuando se nos dice: *Amad a vuestros enemigos, haced bien a los que os odien y orad por los que os persiguen.* (Mt. 5, 44) Y, sin embargo, del mismo Dios dice el profeta: *El Señor corrige al que ama y aflige a todo hijo más querido.* (Pr. 3, 12) Y en otro lugar dice el Señor: *El siervo que no conoce la voluntad de su amo y comete acciones dignas de castigo, recibirá pocos azotes; pero el siervo que conoce la voluntad de su amo y comete acciones dignas de castigo, éste recibirá muchos.* (Lc. 12, 47-48) Se pide, por tanto, que solo castigue aquel a quien, en el orden de las cosas, le ha sido concedido el poder y castigue con la intención con la que un padre castiga a su hijo y al cual, dada su edad, no puede odiar. Se ofrece aquí un ejemplo muy apropiado para demostrar con

claridad que se puede castigar mejor el pecado con amor que dejarlo impune; desea que aquel con el que usa el castigo no sea infeliz por el castigo, sino feliz con la corrección, de tal manera que esté preparado, si fuera necesario, a soportar muchas dificultades provocadas por quien quiere corregir, tanto si tiene potestad para corregirlo como si no la tiene.

64. Algunos hombres grandes y santos, que sabían muy bien que esta muerte que separa el alma del cuerpo no se debe temer; sin embargo, según el parecer de aquellos que la temen, castigaron con la pena de muerte algunos pecados, bien para infundir saludable temor a los vivientes, o porque no dañaría la muerte a los que con ella eran castigados, sino el pecado que podría agravarse si viviesen. No juzgaban desconsideradamente aquellos a quienes el mismo Dios había concedido un tal juicio. De esto depende que Elías mató a muchos, bien con la propia mano, o bien con el fuego, fruto de la impetración divina; lo cual hicieron también otros muchos excelentes y santos varones no inconsideradamente, sino con el mejor espíritu, para atender a las cosas humanas. También, una vez los discípulos citaron al Señor el ejemplo del mismo Elías, recordando lo que él había hecho (1R. 18, 40), a fin de poder darle también a ellos el poder de pedir fuego del cielo, con el fin de hacer desaparecer a aquellos que no le habían dado hospitalidad. Reprendió el Señor en ellos no el ejemplo del santo profeta, sino la ignorancia al pedir venganza, la cual todavía persistía en estas personas ignorantes, reprendiéndoles que no deseaban la corrección con amor, sino la venganza con odio. (Lc. 9, 52-56) Después que les enseñó qué significa amar al prójimo como a sí mismo (Mt. 19, 19) y una vez recibido el Espíritu Santo, que, como había prometido, envió sobre ellos de lo alto diez días completos después de su Ascensión (Hch. 2, 1-4), no faltaron tales ejemplos de venganza, si bien es verdad que mucho más raros que en el Antiguo Testamento. Pues allí en su mayor parte, como esclavos, eran sujetados por el temor; ahora como personas libres son alimentados por el amor. Pues, como leemos en los Hechos de los Apóstoles, a las palabras de Pedro, Ananías y su mujer cayeron exánimes y no fueron resucitados, sino sepultados.

65. Pero si los herejes, que no aceptan el Antiguo Testamento, no quieren creer lo que dice este libro, consideren atentamente al apóstol Pablo, que lo leen como nosotros, cuando dice de un pecador *que le entregó a Satanás para la muerte del cuerpo: A fin de que fuera salvada el alma.* (1Cor. 5, 15) Y si no quieren entender aquí la muerte, porque quizás se dude, confiesen que el Apóstol ejecutó algún castigo por medio de Satanás. Y que lo realizó, no por odio, sino por amor, lo evidencia lo que añade: *A fin de que fuera salvada el alma.* (1Cor, 5, 5) Y tomen nota de lo que dicen aquellos libros, a los cuales atribuyen gran autoridad, en los cuales leen que el apóstol Santo Tomás, habiendo sido abofeteado por un hombre, le imprecó el suplicio de una muerte atrocísima; sin embargo, fue recomendada su alma para que se le perdonara en el otro mundo. En efecto, aquel hombre fue muerto por un león, y un perro separó la mano del resto del cuerpo y la llevó a la mesa donde estaba convidado el apóstol. Aunque no es obligado el creer lo que dicen tales escritos, pues no está en el canon católico, sin embargo ellos leen estos escritos y los consideran como muy auténticos y verídicos; y no sabría decir en virtud de qué ceguera se enfurecen acérrimamente contra los castigos físicos que se leen en el Antiguo Testamento, ignorando por completo la intención con que se ejecutaron y la distribución de los tiempos.

66. Por consiguiente, en este género de injurias, que se expían por la venganza, observarán los cristianos el siguiente comportamiento: Recibida la injusticia, que no surja el odio, sino que en la benevolencia hacia la debilidad esté dispuesto el ánimo a soportar muchas dificultades; no deje pasar la corrección que pueda emplear, bien sea con consejos, con preceptos o con autoridad. Se da otra clase de injusticias cuando los daños pueden restituirse íntegramente: una pertenece a temas económicos, otra al comportamiento. Por lo cual, propone el Señor como ejemplo de la primera la túnica y la capa; de la segunda el compromiso a acompañar mil o dos mil pasos; porque el vestido puede hasta devolverse y a quien hubiese ayudado en una obra puede también prestarle algún servicio si fuere necesario. A no ser que

se haga otra distinción. Por ejemplo, que se coloque en primer lugar lo dicho en torno a la bofetada, que puede significar todas las ofensas inferidas por los malhechores, que no pueden repararse sino por la venganza; lo segundo que se dijo referente a los vestidos, que signifique todas las ofensas que pueden ser reparadas sin castigo alguno y por esta razón se añadió: *si alguno quiere pleitear contigo (Mt. 5, 40)*, ya que lo que se quita por sentencia del juez, no se debe pensar que sea quitado con la violencia, a la cual se debe el castigo; y lo tercero que se forme de las dos anteriores, que se pueda reparar o con castigo o sin él. En efecto, quien, fuera de juicio, exige violentamente una obra indebida, como hace aquel que injustamente fuerza a otro hombre a ir cargado, e ilícitamente obliga a uno contra su voluntad a que le ayude, debe satisfacer la pena que merece su abuso y devolver la obra, si la reclama aquel que forzado ayudó a su opresor. Enseña el Señor que en todos estos géneros de injurias el espíritu del cristiano debe ser muy paciente y misericordioso y estar dispuesto a soportar todavía mucho más.

67. Pero como es muy poco el no dañar al prójimo si no se añade el prestarle cuantos beneficios sea posible, consecuentemente prosiguió el Señor diciendo: *Da al que te pide y a quien te pide un préstamo no le vuelvas la espalda.* (Mt. 5, 42) Dice a quién te pide y no todas las cosas que pide, con el fin de que le des lo que puedas darle honesta y justamente. ¿Qué habría que hacer si uno pide dinero, con el que pretende oprimir al inocente? ¿Y qué sucedería si posteriormente solicita el cometer actos impuros? Más para no alargarnos en mucha casuística, que podría ser innumerable, se debe dar solo aquello que no perjudique ni a ti ni a los otros, en cuanto pueda conocer y opinar el hombre. Y al que le niegues lo que pide, indícale las causas de la negativa, para no despedirlo con las manos vacías. Por tanto, darás a todo el que te pide, aunque no siempre le darás lo que pide, dándole alguna vez cosas mejores, corrigiendo al que pida cosas injustas.

68. Lo que dice: *No vuelvas la espalda a quien pide de ti un préstamo (Mt. 5, 42)*, se debe referir a la disposición del ánimo: *Dios ama al que da con alegría.* (2Cor. 9, 7) Recibe préstamo todo aquel que recibe alguna cosa, aunque no haya de restituirlo él mismo. Aunque Dios restituya mucho a los misericordiosos, todo el que hace algún favor, da prestado. Y si no agrada entender por prestatario sino aquel que recibe para devolverlo él mismo, hay que pensar que el Señor ha unido dos formas de prestar. Pues, o donamos aquello que damos con benevolencia o prestamos al que ha de devolverlo. Frecuentemente los individuos, que en consideración del premio divino están dispuestos a dar, se muestran remisos a otorgar un crédito, como si no hubieran de recibir una recompensa de Dios, por el hecho de que quien recibió el préstamo lo paga. Por esto justamente la divina autoridad nos exhorta a esta forma de beneficencia con las palabras: *No vuelvas la espalda a quien pretende de ti algún préstamo (Mt. 5, 42)*, es decir, no te hagas indiferente ante quien te pide, como si tu dinero no fructificase y Dios no te lo restituyese, dado que quien te lo restituye es el hombre. Pero como esto lo realizas por orden de Dios, no puede permanecer infructuoso ante aquel que lo mandó.

CAPÍTULO XXI

69. Añade después: Habéis oído que se dijo: *Amarás a tu prójimo y odiarás a tu enemigo; pero yo os digo: Amad a vuestros enemigos. Haced el bien a aquellos que os odian y orad por vuestros perseguidores, a fin de que seáis hijos de vuestro Padre celeste, que hace surgir el sol sobre los buenos y sobre los malos y hace llover sobre justos e injustos. En efecto, si amáis a los que os aman, ¿qué mérito tenéis? ¿No hacen esto también los publicanos? Y si saludáis solo a vuestros hermanos, ¿qué hacéis de extraordinario? ¿No hacen esto también los paganos? Sed, por tanto, perfectos, como es perfecto vuestro Padre celeste.* (Mt. 5, 43-48) Sin este amor, por el que se nos manda amar a los enemigos y a los que nos persiguen, ¿quién puede cumplir lo que hemos dicho anteriormente? La perfección de la misericordia, con la cual se hace mucho bien al alma que sufre, no puede extenderse más allá del amor a los enemigos. Y concluye con estas palabras: *Sed perfectos como vuestro Padre celestial es perfecto (Mt. 5, 48)*, pero entendiendo que Dios se entienda perfecto como Dios y el alma lo sea como alma.

70. Hay ciertamente un grado de progreso en relación con la justicia de los fariseos, propia de la Ley de los fariseos, y esto hay que entenderlo en el hecho de que muchas personas odian a aquellos que les han amado, como sucede con los hijos libertinos que detestan a los padres que refrenan su liviandad. Ha subido un peldaño quien ama al prójimo, si bien es verdad que todavía odia al enemigo. Con el precepto de aquel que vino a cumplir y no a quebrantar le ley (Mt. 5, 17), perfeccionará la benevolencia y la generosidad, si la condujere hasta a amar al enemigo. Pero aquel primer grado, aunque ya sea algo, es tan pequeño que puede ser común con los publicanos. Y lo que ha dicho en la Ley: *Odiarás a tu enemigo (Dt. 7, 2)*, no se debe considerar como la palabra que ordena al justo, sino una concesión hecha al débil.

71. En este momento surge un problema que por ningún motivo debe pasarse en silencio; se encuentran en la Sagrada Escritura muchos testimonios que, para aquellos que las estudian con menos diligencia y sobriedad, parecen contrarios a este mandamiento del Señor, con el cual se exhorta a amar a nuestros enemigos, a hacer el bien a aquellos que nos odian y a orar por los que nos persiguen. Incluso en los libros proféticos nos encontramos con muchas imprecaciones contra los enemigos que se consideran maldiciones, como es aquello de: *Sea su mesa un lazo* (Sal. 68, 23) y lo demás que allí se dice; también aquello de: *Que permanezcan sus hijos huérfanos y su mujer viuda (Sal. 108, 9)*, y otras cosas que se dicen, antes y después, en el mismo salmo contra la persona de Judas mediante el profeta. Muchas otras cosas se encuentran en una parte y en otra de la Escritura que parecen contrarias al precepto del Señor y al del Apóstol: *Bendecid y no maldigáis.* (Rm. 12, 14) Del Señor está también escrito que maldijo a las ciudades que no recibieron su Palabra (Mt. 11, 20-24; Lc. 10, 13-15) y el susodicho Apóstol dijo a alguien: *El Señor le dará el pago según sus obras.* (2Tm. 4, 14)

72. Pero estas objeciones se resuelven fácilmente, ya que el profeta a través de las imprecaciones anunció lo que iba a suceder, no deseándolo, sino previéndolo; así también el Señor y el Apóstol, ya que en sus palabras no se encuentra que lo hayan deseado, sino predicho. En efecto, cuando el Señor dijo: *¡Ay de ti, Cafarnaúm! (Mt. 11, 21)*, no otra cosa quiere advertir que a la ciudad le podría venir un castigo por culpa de la increencia y el Señor todo esto no lo deseaba por malevolencia, sino que lo preveía con intuición divina. El Apóstol no dijo: El Señor le dé, sino: *El Señor le dará el pago según sus obras (2Tm. 4, 14)*; es expresión de quien prenuncia, no de quien impreca. Y así de la célebre hipocresía de los hebreos, de la que hemos hablado, cuya ruina veía que era inminente, dijo: *El Señor te castigará, pared blanqueada.* (Hch. 23, 3) Los profetas están acostumbrados a predecir sobre todo los acontecimientos futuros en forma de imprecación, como con frecuencia vaticinaron los acontecimientos futuros con la alegoría del tiempo pasado, como en el paso siguiente: *¿Por qué se han embravecido las naciones y los pueblos meditan vanos proyectos?*

(Sal. 2, 1) Pues no ha dicho: ¿Por qué se embravecerán las naciones y los pueblos harán vanos proyectos? Porque no recordaba aquellos acontecimientos como pasados, sino que los proyecta hacia el futuro. Es muy semejante el otro paso: *Dividieron mis vestidos y han echado suertes sobre mi manto.* (Sal. 21, 19) Incluso aquí no ha dicho: se dividirán mis vestidos y sortearán mi túnica. Y, sin embargo, nadie censura estas palabras, sino aquel que no comprende que esta variedad de figuras en el hablar no disminuye nada a la verdad de los hechos y añade mucho a los afectos del alma.

CAPÍTULO XXII

73. Pero agrava más la cuestión anterior lo que dice el apóstol Juan: *El que sabe que su hermano comete un pecado, que no es de muerte, orará por él y Dios le dará la vida al que pecó no de muerte. Hay, no obstante, un pecado de muerte, pero no es por este por el que se debe orar.* (1Jn. 5, 16) Declara abiertamente que hay hermanos por los cuales se nos manda no orar y, sin embargo, el Señor nos manda orar por nuestros perseguidores. (Mt. 5, 44) No se puede responder a esta cuestión, a no ser que confesemos que se den pecados en ciertos hermanos que son más graves todavía que la persecución de los enemigos. Se puede demostrar con muchos testimonios de los libros de la Sagrada Escritura que la palabra "hermanos" se refiere a los cristianos. Es muy claro el pensamiento que ofrece el Apóstol en estos términos: *El marido no cristiano se santifica por la mujer y la mujer pagana se santifica por el hermano.* (1Cor. 7, 14) No ha añadido nuestro, sino que lo dio por supuesto, ya que con el apelativo de hermano quiso que se entendiese un cristiano, cuya mujer era no cristiana y por esta razón dijo después: *pero si el cristiano se quiere separar, que se separe; en estas circunstancias, ni el hermano ni la hermana deben sujetarse a servidumbre.* (1Cor. 7, 15) Pienso que es pecado para la muerte el pecado del hermano cuando, después de haber conocido a Dios por medio de la gracia de Nuestro Señor Jesucristo, alguien rechaza la fraternidad cristiana y se rebela por instigación de la envidia contra la gracia misma, mediante la cual se ha reconciliado con Dios; sin embargo, no será para la muerte, si un individuo no retira el amor al hermano, sino que por una fragilidad del alma no ha cumplido las obligaciones debidas a la fraternidad cristiana. Por lo cual también el Señor exclamó en la cruz: *Padre, perdónales, porque no saben lo que hacen.* (Lc. 23, 34) En efecto, todavía no se habían hecho partícipes de la gracia del Espíritu Santo, pues no habían sido iniciados en la comunión de la santa fraternidad. También San Esteban en los Hechos de los Apóstoles ora por aquellos que le apedrearon (Hch. 7, 59-60), porque todavía no habían creído en Cristo ni combatían aquella gracia común. Creo también que el apóstol Pablo no ora por Alejandro, porque pertenecía ya a los hermanos y había

pecado de muerte, es decir, con envidia había traicionado la hermandad. Aquellos que no habían violado el amor, pero habían sucumbido por miedo, pide que sean perdonados.

Así dice: *Alejandro el calderero me ha hecho mucho mal; el Señor le pagará según sus obras; guárdate tú también de él, ya que se ha opuesto muy fuertemente a nuestras doctrinas.* Y luego añade por quienes ora, diciendo: *En mi primera defensa nadie me asistió, antes todos me desampararon; ruego a Dios que se lo perdone.* (2Tm. 4, 14-16)

74. Esta diferencia de pecados distingue a Judas que traiciona (Mt. 26, 47-50) y a Pedro que le niega. (Mt. 26, 69-75) Y esto, no porque no se deba perdonar al que se arrepiente, para no contradecir la enseñanza del Señor con la que ha ordenado que para ser perdonado por el hermano siempre se debe perdonar al hermano que lo pide (Lc. 17, 3-4), sino que es tal la enormidad del pecado de Judas, que él no puede someterse a la humildad de implorar perdón, aunque se vea obligado por su conciencia culpable a reconocer y publicar su pecado. En efecto, Lucas después de haber dicho: *He pecado, ya que he entregado la sangre del justo (Mt. 27, 4)*, corrió más fácilmente, por desesperación, a la horca (Mt. 27, 5) , que, por la humildad, a pedir perdón. Por eso hace falta saber a qué clase de penitencia ofrece Dios el perdón. Pues muchos confiesan muy pronto que pecaron y se irritan contra sí mismos, ya que hubieran deseado intensamente no haber pecado, pero no preparan su conciencia para humillarse y someter el corazón y pedir perdón. Se debe creer que tienen esta disposición de ánimo como resultado de la condenación que merece la enormidad de sus pecados.

75. Quizás sea este el pecado contra el Espíritu Santo, es decir, a través de la maldad y la envidia tentar la caridad fraterna una vez recibida la gracia del Espíritu Santo, pecado que, según el Señor, *ni se podrá perdonar en este mundo ni en el futuro.* (Mt. 12, 31-32) Se

puede, pues, examinar si los judíos pecaron contra el Espíritu Santo cuando dijeron que el Señor expulsaba los demonios en nombre de Belcebú, jefe de los demonios. (Mc. 3, 22) Se puede preguntar si lo recibimos como dicho contra el mismo Señor, ya que en otro lugar se dijo: *Si al paterfamilias le han llamado Belcebú, ¿cuánto más a sus domésticos? (Mt. 10, 25; 12, 24)* O también, dado que han hablado con gran envidia y llenos de ingratitud por los grandes beneficios recibidos, aunque todavía no eran cristianos, sin embargo por la magnitud de la envidia se podría creer que pecaron contra el Espíritu Santo. Esto no se puede deducir de las palabras del mismo Señor. Bien es verdad que en otro lugar dice: *Cualquiera que hablare contra el Hijo del hombre, se le perdonará; pero a quien hablare contra el Espíritu Santo, no se le perdonará ni en esta vida ni en la otra (Mt. 12, 32)*; Sin embargo, puede parecer que les advirtió que se acerquen a la gracia y después de recibirla que no pequen de esta forma, como habían pecado ahora. En este momento habían dicho una palabra blasfema contra el Hijo del hombre y se les puede perdonar, si se convierten, y creyeren en él y aceptaren el Espíritu Santo. Recibido el Espíritu Santo, si envidian la fraternidad y quisieran combatir la gracia que han recibido, no se les perdonará ni en este siglo ni en el venidero. Pero si ya se les considerara como condenados, de tal forma que ya no les quedara esperanza alguna, no los habría considerado dispuestos a la corrección, cuando añade: *O plantad un árbol bueno y será bueno su fruto, o plantad un árbol malo y será malo el fruto. (Mt. 12, 33)*

76. Por tanto, si se debe amar a los enemigos, hacer el bien a quienes nos odian y orar por los que nos persiguen, se debe interpretar en el sentido que para algunos pecados, incluso de los hermanos, no ha sido ordenado orar de manera que, por nuestra ineptitud, la Sagrada Escritura no parezca estar en contradicción con ella misma, ya que esto no puede suceder. Pero no está todavía claro si, así como no hay que orar por algunos, se deba orar contra algunos. En general, se ha dicho: *Bendecid y no maldigáis (Rm. 12, 14)*; y también: *No devolváis mal por mal.* (Rm. 12, 17) Por quien no oras, no es orar contra él. Puede ser que consideres su condena segura y su salvación sin esperanza; pero no, porque lo odias, no oras por él, sino porque eres consciente de que

no puedes ayudarle y no quieres que tu oración sea rechazada por el justo Juez. Pero ¿qué haremos con aquellos contra los cuales aceptamos que han pedido los santos, no para que se corrijan, ya que en este sentido se ha orado a su favor, sino por su condena final?; no la petición que hizo el profeta contra aquel que entregó al Señor (Sal. 108, 6-19), pues ya hemos dicho que fue una predicción de lo que había de suceder, no un deseo de condenación; ni la del Apóstol contra Alejandro (2Tm. 4, 14), pues de esto ya se ha hablado suficiente, sino lo que leemos en el Apocalipsis de San Juan, donde los mártires piden a Dios que vengue su sangre (Ap. 6, 10), mientras que el primer mártir pidió a Dios que perdonara a aquellos que le apedreaban. (Hch. 7, 59-60)

77. Pero no conviene inquietarnos por este hecho. Porque ¿quién se atreverá a afirmar que, dado que aquellos santos candidatos al martirio pidieran venganza, hiciesen la petición contra los mismos hombres y no contra el reino del pecado? Pues esta es la plena y sincera venganza de los mártires, llena de justicia y misericordia, que sea aniquilado el reino del pecado, bajo cuyo reinado tanto tuvieron que sufrir. Hacia esta aniquilación anima el Apóstol diciendo: *Que no reine el pecado en vuestros cuerpos mortales.* (Rm. 6, 12) Se destruye y aniquila el reino del pecado, parte por la corrección de los hombres, con el fin de someter la carne al espíritu, y parte con la condena de aquellos que perseveran en el pecado, para que se comporten de tal manera que no puedan molestar a los justos que reinan con Cristo. Mira lo que dice el apóstol Pablo: ¿No te parece que venga en su persona al mártir San Esteban, cuando dice: *No peleo como quien da golpes al aire, sino que castigo mi cuerpo y lo someto a servidumbre*? (1Cor. 9, 26-27) Pues abatía en sí mismo y quebrantaba y gobernaba vencido precisamente aquello por lo que habían sido perseguidos Esteban y otros cristianos. ¿Quién puede demostrar que no es como ésta la venganza que los santos mártires pidieron a Dios, como también que ellos pudieron libremente pedir para su venganza personal, el fin de este mundo, en que tantas tribulaciones padecieron? Porque los que oran de esta manera, oran también a favor de los enemigos, que son dignos de salvación, y no oran contra aquellos que han preferido permanecer

indignos de la misma, ya que también Dios, castigándolos, no es cruel torturador, sino un justo gobernante. Sin duda alguna, pues, amemos a nuestros enemigos, hagamos el bien a quien nos ha odiado y oremos por los que nos persiguen.

CAPÍTULO XXIII

78. Como consecuencia de lo anterior se añade: *Para que seáis hijos de vuestro Padre que está en los cielos (Mt. 5, 45)*, y se debe entender sobre la base del principio según el cual Juan afirma: *Les dio poder para ser hijos de Dios*. (Jn. 1, 12) Hay un Hijo por naturaleza y no puede nunca pecar; nosotros, sin embargo, obtenida la potestad, llegamos a ser hijos si cumplimos lo mandado por Él. Por esto, la enseñanza del Apóstol lo llama adopción, por la cual somos llamados a la herencia eterna, para poder ser coherederos de Cristo. (Rm. 8, 17; Ga. 4, 5) Llegamos a ser hijos a través de un renacimiento espiritual y hemos sido adoptados en el reino de los cielos, no como extraños, sino como hechos por él y creados, es decir, colocados en la existencia. Por consiguiente, un primer don es el habernos hecho existir por su omnipotencia, dado que antes no éramos nada; el otro es el habernos adoptado y, por ello, poder disfrutar con él de la vida eterna como hijos, en recompensa por nuestra participación. Por tanto no dijo: Haced estas cosas, ya que sois hijos, sino: Haced esto para que seáis hijos.

79. Dado que nos ha llamado a esta dignidad por medio de su Unigénito, nos llama a ser semejantes a él. Pues como dice a continuación: *Él hace salir el sol sobre buenos y malos y hace llover sobre justos e injustos*. (Mt. 5, 45) Se puede entender por sol no éste visible a los ojos de la carne, sino la sabiduría de la cual se ha dicho: *Que es resplandor de la luz eterna*; y también se dice de ella: *Nació para mí el sol de la justicia (Sab. 7, 26)*; o también: *Para vosotros que teméis el nombre del Señor sale el sol de la justicia (Ml. 4,2)*; y también se puede entender la lluvia como riego a través de la doctrina de la verdad, ya que se manifestó a buenos y malos y Cristo ha sido anunciado a buenos y malos. O si prefieres entender este sol como expuesto a la mirada, no solo de los hombres, sino también de los animales, y esta lluvia que produce los frutos que nos han sido concedidos para la alimentación. Mantengo que esta interpretación

deba ser tenida más en cuenta, ya que el sol espiritual sale solo para los buenos y los santos, ya que de esto se lamentan los malvados en el libro que lleva por título la Sabiduría de Salomón: *El sol no ha nacido para nosotros (Sab. 5, 6)*; y la lluvia espiritual solo riega a los buenos, porque los malos son figurados por la viña, de la cual se dijo: *Mandaré a las nubes que no lluevan sobre ella. (Is. 5, 6)* Bien sea que se entienda de una manera o de otra, el hecho constata la gran bondad de Dios, que se nos impone imitarla si queremos ser hijos de Dios. Y ¿quién es tan ingrato, que no se dé cuenta de cuánto bienestar aporta a la vida física la luz visible y la lluvia común? Observamos que este bienestar se ofrece en esta vida tanto a los justos como a los pecadores. No dice después: *Que hace salir el sol sobre buenos y malos*, sino que añade: *Su sol*, es decir, el que creó y asignó su lugar y que de nadie recibió nada para crearlo, como se escribe de los demás astros en el libro del Génesis. (Gn. 1, 16) Él propiamente solo puede decir que son suyas todas las cosas que creó de la nada, para que tomemos nota con cuánta liberalidad debemos nosotros prestar, por mandato suyo, a nuestros enemigos las cosas que no hemos creado, sino que las hemos recibido de su munificencia.

80. ¿Quién puede estar dispuesto a soportar injurias de los débiles, en la medida que sirva de provecho para su salvación?; ¿y quién desea ser víctima de la iniquidad ajena antes que devolver el mal padecido?; ¿quién está dispuesto a dar a quien le pide algo, o lo que pide, si lo tiene y si lo puede dar honestamente, o dar un buen consejo o un gesto de benevolencia?; ¿o no volver la espalda a quien pide un préstamo, a amar a los enemigos, a hacer el bien a quien le odia, o a orar por quienes le persiguen? ¿Quién puede hacer esto, sino el que es completa y plenamente misericordioso? Con este consejo se evita la miseria con la ayuda de quien dijo: *Quiero misericordia más que sacrificio. (Os. 6, 6) Felices los misericordiosos, porque ellos alcanzarán misericordia. (Mt. 5, 7)* Pero creo que es tiempo oportuno de que el lector, fatigado ya de tan extenso libro, se dé un respiro y se recupere para examinar lo que va a llegar en el próximo.

LIBRO SEGUNDO

Explicación de la última parte del sermón del Señor en el monte, contenida en los capítulos 6 y 7 del evangelio de San Mateo.

CAPÍTULO I

1. Al libro primero, que terminó con el tratado de la misericordia, le sigue el tratado de la purificación del corazón, con el que comienza este segundo. La limpieza del corazón es como el ojo con el cual se ve a Dios; y para mantenerlo limpio se requiere tanta preocupación cuanta exige la dignidad del ser que con él se puede contemplar. No obstante, es difícil que en este ojo, en gran parte purificado, no se insinúen subrepticiamente algunas impurezas que suelen acompañar a las mismas buenas acciones, como puede ser la alabanza humana. Ciertamente es pernicioso el vivir desordenadamente, pero vivir con rectitud y no querer ser alabado, ¿qué otra cosa es sino aborrecer las cosas humanas, que, ciertamente, son tanto más miserables cuanto menos agrada la vida recta de los hombres? Si, pues, aquellos en medio de los cuales vives, no te alaban viviendo rectamente, ellos están en error; pero, si te alabaran, tú estás en peligro, a no ser que tuvieres un corazón tan sencillo y limpio, que todo lo que haces honestamente, no lo hagas por las alabanzas humanas y te alegrarías por los que te alaban con rectitud, ya que también les agrada lo que está bien hecho, más que congratularte a ti mismo; ya que vivirías rectamente, aunque nadie te alabase; y además comprendas que los mismos elogios que te tributan son provechosos para los que te alaban, si pretenden no ensalzarte a ti por tu buena conducta, sino que glorifican a Dios, cuyo templo santo es aquel que vive bien; cumpliendo de esta manera lo que dice David: *En el Señor se gloriará mi alma, óiganlo los humildes y consuélense.* (Sal. 33, 3) Pertenece, pues, al ojo puro en el actuar honestamente, no mirar las alabanzas humanas al obrar bien, ni dirigir a ellas lo que haces, es decir, hacer una acción buena para agradar a los hombres; porque así también podrá fingirse el bien, si solamente se busca que lo alabe el hombre, el cual, dado que no puede ver el corazón, puede alabar también las cosas falsas. Los que hacen esto, es decir, los que simulan bondad, poseen un corazón doble. En consecuencia, no tiene corazón sencillo, es decir, corazón limpio, sino quien trasciende las alabanzas humanas al vivir bien y busca solamente agradar a Dios, que es el único en penetrar la conciencia. Lo que procede de la conciencia pura es tanto más digno de alabanza cuanto menos ambiciona las alabanzas humanas.

2. *Guardaos bien*, dice el Señor, *de practicar vuestra justicia delante de los hombres con el fin de que os vean (Mt. 6, 1)*, es decir, guardaos de practicar la justicia con el fin de que os vean los hombres y poner ahí vuestra satisfacción. *De otra manera no recibiréis el premio de vuestro Padre que está en los cielos*. No dice el Señor si sois vistos de los hombres, sino si vivís rectamente para que os vean los hombres. De otra manera, ¿dónde quedaría lo que se dijo al principio de este discurso: *Vosotros sois la luz del mundo? No se puede encubrir una ciudad edificada sobre un monte, ni se enciende la luz para ponerla debajo de un celemín, sino sobre un candelero, a fin de alumbrar a todos los de la casa. Brille así vuestra luz ante los hombres, de manera que vean vuestras buenas obras*; y no termina con estas palabras, sino que añade: *y glorifiquen a vuestro Padre que está en los cielos*. (Mt. 5, 14-16) Ahora reprende esto, es decir, si se pone allí el fin de las obras buenas, o sea, si el motivo de obrar bien es solamente para ser vistos de los hombres; después que dijo: *Guardaos bien de hacer vuestras obras en presencia de los hombres, con el fin de ser vistos de ellos (Mt. 6, 1)*, nada añadió. De todo esto se puede deducir que el Señor no prohibió que se actúe rectamente delante de los hombres, sino que se obre rectamente delante de ellos con el fin de que nos vean y lo pretendamos y pongamos en ello el fin de nuestra determinación.

3. En efecto, dice el Apóstol: *Si todavía siguiera agradando a los hombres, no sería ministro de Cristo*. (Ga. 1, 10) Y en otro momento dice: *Agradad a todos en todo, como yo agrado a todos en todo*. (1Cor. 10, 33) Quienes no comprenden este pensamiento del Apóstol, encuentran ahí una contradicción, dado que había afirmado no haber agradado a los hombres, porque no hacía las cosas rectamente para no agradar a los hombres sino a Dios, a cuyo amor quería convertir los corazones de los hombres y en eso mismo les complacía. Por lo que decía rectamente de no agradar a los hombres, ya que lo demostraba el hecho mismo de agradar a Dios y ordenaba que se complaciese a los hombres, no con el fin de que se apetezca esa complacencia como recompensa de las buenas obras, sino porque no podría complacer a Dios quien no se ofreciese a la imitación de aquellos que quería llevar a la salvación. De ninguna manera alguien puede imitar a quien no le haya agradado. Como no hablaría absurdamente quien dijese: en este trabajo con el que busco una nave, no busco la nave, sino la patria; así el Apóstol diría lógicamente: por esta mi actividad, con la cual agrado a los hombres, no agrado a los hombres sino a Dios, ya que no deseo esto último, sino que pretendo que me imiten aquellos que quiero que sean salvados. Esto mismo dice de las ofrendas que se dan a los fieles: *No porque busco dádivas, sino que busco fruto (Flp. 4, 17)*, es decir: lo que busco con vuestra ofrenda no es la ofrenda en sí misma, sino el fruto de ella. Con esta precisión se podría poner de manifiesto cuánto se podría haber progresado en el Señor, porque hacían libremente lo que se les pedía, no por la satisfacción que provenía del regalo, sino por la comunión de la caridad.

4. También cuando añade lo que dice: *De lo contrario no tendréis la recompensa junto al Padre que está en los cielos*. (Mt. 6, 1) Con esto no quiere decir otra cosa sino que debemos evitar el exigir las alabanzas de los hombres como recompensa de nuestras acciones, es decir, que pensemos que con ellas llegaremos a ser felices.

CAPÍTULO II

5. *Cuando, pues, hagas limosna, no vayas sonando la trompeta por delante, como hacen los hipócritas en las sinagogas y en las plazas, para ser glorificados por los hombres (Mt. 6, 2).* No os queráis hacer notar, dice, como los hipócritas. Es evidente que los hipócritas no tienen en el corazón lo que colocan ante los ojos de los hombres. En efecto, los hipócritas son simuladores, representando personas distintas a la manera de los teatros y las fábulas. En efecto, el que hace en la tragedia el papel de Agamenón, o de cualquier otro personaje histórico o fabuloso que represente, no es verdaderamente él mismo, sino que finge serlo y por eso se llama comediante. Así sucede también en la Iglesia y en toda manifestación de la vida humana, es hipócrita quien manifiesta lo que no es. Pues imita fingiendo al virtuoso, no lo representa, ya que pone todo el fruto en ser alabado por los hombres, lo que pueden recibir también los que disimulan en el hecho de engañar a quienes les parecen buenos y por los cuales son alabados. Pero estos tales solo reciben de Dios, que escruta los corazones, como recompensa, la condena del engaño. *Recibieron, pues, su recompensa de los hombres.* (Mt. 6, 2) Con toda razón se les dirá: *Alejaos de mí, obreros falaces (Mt. 7, 23),* porque habéis llevado mi nombre con vosotros, pero no habéis practicado mis obras. Recibieron su recompensa quienes dieron limosna, no por otro motivo sino para que le alabaran los hombres; no precisamente porque sean alabados por los hombres, sino porque lo hacen de tal manera para ser alabado, como arriba se expuso. Aquel que obra bien no busca la alabanza humana, pero ésta seguirá a quien actúa rectamente, para que sea de provecho a aquellos que pueden imitar aquello que alaban, y no porque él piense que ellos, alabándolo, saquen alguna ventaja.

6. *Más tú, cuando des limosna, que no sepa tu mano izquierda lo que hace tu derecha.* (Mt. 6, 3) Si entendieras que por izquierda se refiriese a los gentiles, sería evidente que no habría culpa el agradar a los fieles, mientras que nos está completamente prohibido colocar como fruto y fin de cualquier obra buena la alabanza de cualquier persona. Pero en lo que refiere a que te imiten aquellos a quienes les hubieran agradado tus buenas acciones, se debe mostrar no solo a los fieles, sino también a los gentiles, para que alabando nuestras buenas acciones honren a Dios y lleguen a la salvación.

Pero si entendieses que por la izquierda se refiere al enemigo, en el sentido que el enemigo no sepa cuándo haces limosna:

¿por qué el mismo Señor misericordiosamente sanó a personas estando presentes los judíos enemigos?;

¿por qué el apóstol Pedro, compadecido del hombre cojo que estaba a la puerta Hermosa, lo sanó y también atrajo sobre sí y sobre otros discípulos de Cristo las iras de los enemigos? (Hch. 3, 1-8)

Y después, si no conviene que sepa el enemigo cuando hacemos limosna, ¿cómo haremos con el mismo enemigo para poder cumplir el precepto: *Si tu enemigo tuviera hambre, dale de comer; y si tuviera sed, dale de beber*?. (Rm. 12, 20; Pr. 25, 21)

7. Hay además una tercera opinión que suele ser de los hombres carnales; la cual es tan absurda y ridícula, que no la mencionaría, si no fuera consciente de que no hay pocos que mantienen este error, que dice que la palabra izquierda significa la esposa. Dado que las mujeres en la gestión familiar se preocupan más del dinero, no debían saber, debido a las disensiones domésticas, cuándo sus maridos dan algo misericordiosamente a los necesitados. Como si solo los maridos fueran los cristianos y no hubiera sido dado este precepto también para las mujeres. Pues ¿a qué izquierda debe ocultar la mujer las obras de su misericordia?; ¿no será acaso el marido la izquierda de la mujer? Naturalmente, esto es absurdo. Si se pensase que uno es la izquierda del otro, de modo que siempre que uno distribuyese algo del patrimonio familiar fuese contra la voluntad del otro, tal matrimonio no sería cristiano. Pero es necesario que si uno de los dos quisiera dar limosna, según el mandato del Señor, cualquiera que estuviera en contra de ello, es enemigo del mandato del Señor y se le debe

considerar entre los infieles. Pues es un mandato del Señor, sobre el matrimonio, que el marido fiel conquiste a su mujer con buena conversación y conducta y la mujer cristiana al marido. (1Cor. 7,14) Por esta razón no deben ocultarse el uno al otro sus buenas acciones, con las cuales han de estimularse mutuamente, de tal forma que pueda uno estimular al otro también en la profesión común de la fe cristiana. No se deben cometer robos para ganarse la bondad de Dios. Mas si se debiese ocultar algo, cuando la flaqueza del ánimo del otro fuera incapaz de mirarlo bien, ya que no se actúa ni injusta ni ilícitamente; sin embargo, de la consideración de todo este apartado no aparece fácilmente que se pueda referir aquí a la mano izquierda; considerándolo a la vez con el otro se encontrará a qué se le llama la mano izquierda.

8. *Guardaos bien,* dice, *de practicar vuestra justicia en presencia de los hombres con el fin de que os vean; de otra manera no recibiréis la recompensa de vuestro Padre que está en los cielos.* (Mt. 6, 1) Aquí nombra la justicia en general, después lo desarrolla por separado. Forman parte de la justicia las obras que se hacen mediante la limosna y por esto lo une diciendo: *Cuando hagas limosna, no suenes la trompeta delante de ti, como hacen los hipócritas en las sinagogas y por las calles a fin de ser alabados por los hombres.* (Mt. 6, 2) A esto se refiere lo que se dijo más arriba: *Evitad practicar vuestra virtud delante de los hombres para ser alabados por ellos.* Sin embargo, lo que sigue: *En verdad os digo que ya recibieron su recompensa,* se refiere al pensamiento expresado precedentemente: *De otra manera no tendréis la recompensa de vuestro Padre que está en los cielos.* Y continúa: Tú, en cambio, cuando des limosna. Cuando dice: Tú, en cambio, ¿qué otra cosa quiere decir sino: no como ellos? En efecto, ¿qué me manda el Señor? *Sin embargo, cuando tú des limosna, que no sepa tu mano izquierda lo que hace tu derecha.* (Mt. 6, 1-3) Luego los otros hacen de tal forma que su mano izquierda sabe lo que hace su derecha. Por consiguiente, se te prohíbe hacer lo que en ellos es represible. En ellos es represible actuar de tal manera que actúen buscando las alabanzas humanas. Por consiguiente, nada más consecuente que se pueda entender por izquierda la misma complacencia en las alabanzas. Por derecha, en cambio, se entiende la intención de cumplir los preceptos del Señor. Cuando el anhelo de la alabanza humana penetra en la conciencia de quien hace limosna, se hace la izquierda sabedora de lo que hace la derecha. *Que no sepa tu izquierda lo que hace tu derecha (Mt. 6, 3)*, es decir: que no se mezclen en tu conciencia el anhelo de las alabanzas humanas, cuando al dar limosna deseas cumplir el precepto del Señor.

9. *Para que tu limosna quede en lo secreto.* (Mt. 6, 4) ¿Qué significa *en lo secreto* sino en la misma recta conciencia que no se puede mostrar a la vista humana ni desvelar con las palabras? En efecto, muchos mienten mucho. Por lo que si la derecha obra interiormente en lo secreto, pertenecen a la izquierda todas las cosas externas, que son visibles y temporales. Que tu limosna sea realizada en el interior de la misma conciencia, en la cual hay muchos que dan limosna con buena voluntad, aunque no tengan dinero o cualquier otro bien que se deba ofrecer al necesitado. Hay muchos que lo hacen en el exterior y no lo realizan en el interior. Esos son los que quieren aparecer misericordiosos por ambición o por amor de cualquier otra preocupación temporal, en los cuales hay que pensar que solo actúa la izquierda. Otros ocupan un lugar como intermedio entre esos dos extremos y dan la limosna con la intención de que la dirigen a Dios y, sin embargo, todavía se insinúa en esta buena disposición la ambición de la alabanza humana o deseo de alguna ventaja efímera y temporal. Pero Nuestro Señor con mucha vehemencia prohíbe que actúe en nosotros solo la izquierda, cuando también prohíbe que en ella se mezcle en las obras de la derecha; a fin de que no solo nos guardemos de dar limosna únicamente por la codicia de bienes temporales, sino también a fin de que en esta obra no dirijamos nuestra atención a Dios, de tal forma que haya mezcla o se añada codicia alguna de comodidades. Se trata en todo esto de purificar el corazón, que, si no fuese sencillo, no estará limpio. ¿Cómo puede ser sencillo si sirve a dos señores (Mt. 6, 24), y no purifica la propia mirada con la única intención de los bienes eternos, sino que la oscurece con el amor de las cosas perecederas y frágiles? *Haz la limosna en lo oculto de tu corazón y tu Padre que ve en lo oculto te recompensará.* (Mt. 6, 4)

Absolutamente justo y verdadero. Si, en consecuencia, esperas el premio de parte de aquel que es el único que puede ver las conciencias, bástate para merecer el premio la misma conciencia. Hay muchos códices latinos que dicen de esta manera: Y tu Padre, que ve en lo oculto, te recompensará abiertamente. Sin embargo, como no he encontrado en los códices griegos, que son los más antiguos, abiertamente, he pensado que es mejor no tratarlo.

CAPÍTULO III

10. *Y cuando oréis, sigue diciendo, no seáis como los hipócritas que les gusta estar de pie en las sinagogas y en las esquinas de las plazas para ser vistos de los hombres.* (Mt. 6, 5) Ni prohíbe aquí el Señor el ser vistos de los hombres, sino el realizar estos actos para ser vistos de los hombres. Es superfluo repetir con tanta frecuencia los mismos conceptos, dado que una sola regla debe ser observada; por la cual se sabe que no se debe temer o evitar que los hombres sepan estas cosas que hacemos, sino que se ha de evitar hacerlas para buscar su recompensa, con la intención de agradar a los hombres. Usa aquí el mismo Señor las mismas palabras, añadiendo como anteriormente: *En verdad os digo, recibieron ya su recompensa (Mt. 6, 5)*; dando a entender que él prohíbe esto para que no se apetezca aquella recompensa de la que gozan los necios al ser alabados por los hombres.

11. *Vosotros, al contrario, cuando oréis, entrad en vuestro aposento (Mt. 6, 6)*, dice el Señor. ¿Qué son estos aposentos sino los mismos corazones, como viene indicado también en el salmo, cuando dice: *En el retiro de vuestros aposentos compungíos de las cosas que andáis meditando en vuestros corazones? (Sal. 4, 5)* *Y cerrando las puertas orad*, dice, *a vuestro Padre en lo escondido*. (Mt. 6, 6) Es poco entrar en los aposentos si la puerta está abierta a los curiosos, ya que a través de ella irrumpen dentro las cosas externas de forma desconsiderada y disturban nuestra interioridad. Ya dijimos que están fuera todas las cosas temporales y visibles, las cuales penetran por la puerta, es decir, por el sentido carnal, en nuestros pensamientos, y con la multitud de vanos fantasmas perturban nuestra oración. Se deben cerrar las puertas, es decir, se ha de resistir al sentido carnal, a fin de que la oración espiritual vaya dirigida al Padre, la cual se hace en lo íntimo del corazón, donde se ora al Padre en lo escondido. *Y vuestro Padre*, sigue diciendo, *que ve en lo escondido, os recompensará*. (Mt. 6, 6) Este argumento debiera haber terminado con esta cláusula. Y, en efecto, con esto no nos amonesta para que oremos, sino cómo debemos orar; ni, como hizo más arriba, no nos amonesta a dar limosna, sino con qué intención debemos darla. (Mt. 6, 2-4) En efecto, nos manda purificar el corazón y no lo purifica sino la única y simple intención dirigida únicamente a la vida eterna por el puro y solo amor a la sabiduría.

12. *Cuando oréis, no digáis muchas palabras, como los gentiles, que se imaginan que van a ser oídos por usar muchas palabras.* (Mt. 6, 7) Así como es propio de los hipócritas hacerse ver en la oración, y no tienen otro fruto que la aprobación de los hombres, así también es propio de los paganos, esto es, de los gentiles, imaginar que a fuerza de palabras serán oídos. Y, en verdad, el mucho hablar viene de los gentiles, que se esfuerzan más en educar el lenguaje que en purificar la conciencia. Y se esfuerzan en aplicar este género de lenguaje frívolo en la oración para convencer a Dios, juzgando que puede uno convencerle con palabras, como se induce al juez humano a dar una sentencia. *No queráis, pues, ser semejantes a ellos,* dice el único y verdadero maestro; *sabe vuestro Padre lo que necesitáis antes de pedírselo.* (Mt. 6, 8) Si la multitud de palabras se emplea para informar y enseñar al ignorante, ¿qué necesidad hay de ellas para aquel que conoce todas las cosas, a quien todas las cosas que existen, por el hecho de existir, hablan y se presentan como hechas por él? Y tampoco los acontecimientos futuros están ocultos a su capacidad creativa y sabiduría, porque en ella están presentes y no pasados todos los acontecimientos que han pasado y que pasarán.

13. Pero como él también nos enseña a orar con palabras, aunque pocas, sin embargo son palabras y él mismo nos las dice, alguien se puede preguntar qué necesidad hay aún de estas pocas palabras, ante aquel que sabe todas las cosas antes que sean hechas y conoce, según hemos dicho, qué es lo que necesitamos antes de que se lo pidamos. En primer lugar, debemos responder que, para obtener lo que deseamos, no nos debemos dirigir a Dios con palabras, sino con los sentimientos que tenemos en el ánimo y con la dirección de nuestro pensamiento, junto con un amor puro y afecto sencillo. Pero Nuestro Señor nos enseñó con palabras las mismas cosas, a fin de que, confiándolas a la memoria, las recordemos al tiempo de la oración.

14. Pero se puede preguntar de nuevo, ya sea que se ore con obras o con las palabras: ¿Qué necesidad hay de la misma oración, si Dios sabe ya antes lo que necesitamos, a no ser que la misma intención de la oración serena y purifica nuestro corazón y lo hace más apto para recibir los dones divinos que nos son dados espiritualmente? En efecto, Dios no nos oye porque ambicione nuestras plegarias, pues siempre está pronto para darnos su luz no visible, sino inteligible y espiritual; pero nosotros no siempre estamos dispuestos a recibirla, porque estamos inclinados a otras cosas y entenebrecidos por la codicia de los bienes temporales. En la oración acontece la conversión de nuestro corazón a Dios, que está siempre dispuesto a darse a sí mismo, si recibimos lo que nos va dando y en la misma conversión se purifica el ojo interior, al excluir las cosas temporales que se apetecían para que el ojo del corazón sencillo pueda acoger la luz pura que irradia con el poder divino sin ocaso ni mutación alguna y no solo recibirla, sino también permanecer en ella, no solo sin molestia alguna, sino también con gozo inefable, en el cual se realiza verdadera y sinceramente la vida bienaventurada.

CAPÍTULO IV

15. Pero ya es el momento de considerar qué es lo que nos ha mandado pedir en la oración aquel que nos enseñó también lo que hemos de pedir y por el cual conseguimos lo que pedimos: *Vosotros, pues, orad así: Padre nuestro que estás en los cielos, sea santificado tu nombre; venga tu reino; hágase tu voluntad, como en el cielo, así en la tierra. Danos hoy nuestro pan de cada día; y perdona nuestras ofensas, como también nosotros perdonamos a nuestros deudores; no nos dejes caer en la tentación, sino líbranos de todo mal.* (Mt. 6, 9-13) En toda oración lo primero que se debe ganar es la benevolencia de aquel a quien pedimos y después decir lo que queremos pedir, lo cual se suele ganar con algún elogio a quien se dirige la oración y esto se acostumbre colocar al principio de la oración. Para ello, Nuestro Señor no nos mandó decir otra cosa sino: *Padre nuestro que estás en los cielos*. (Mt. 6, 11) Se han dicho muchas cosas en alabanza de Dios, las cuales cualquiera que lea las Sagradas Escrituras podrá encontrar varia y cumplidamente difundidas por todos sus libros: pero nunca se encuentra un precepto dado al pueblo de Israel, que diga: *Padre nuestro*, o dirigirse en la oración a Dios como Padre; sino que se insinuó a ellos como Señor que manda los esclavos, es decir, a los que aún vivían bajo la carne. Esto lo digo en relación con los que recibieron los preceptos de la ley que se les mandaba observar; pues los profetas muestran con frecuencia que el mismo Señor Dios podría también ser Padre, si no se apartasen de sus mandamientos, según aquello que se dijo: *He criado hijos y los he engrandecido: ellos mismos me despreciaron.* (Is. 1, 2) Y en el salmo: *Yo dije: Vosotros sois dioses e hijos del Altísimo.* (Sal. 81, 6) Y en otro lugar: *Si soy vuestro Señor, ¿dónde está mi temor?; y si soy vuestro Padre, ¿dónde está mi honor? (Ml.1, 6)* Y así otros muchos lugares, donde se les arguye a los judíos porque pecando no quisieron ser hijos de Dios, exceptuados aquellos textos proféticos que hablan del futuro pueblo cristiano, el cual habría de tener a Dios como Padre según lo dicho en el Evangelio: *Les dio potestad de llegar a ser hijos de Dios.* (Jn. 1, 12) Y el apóstol Pablo dijo: *Mientras el heredero es niño, en nada se diferencia de un siervo (Ga.*

4, 1) y recuerda después que hemos recibido el Espíritu de adopción: *el cual nos hace clamar: Abba, Padre.* (Rm. 8, 15)

16. Y por cuanto la razón de nuestra vocación a la herencia eterna para ser coherederos de Cristo y recibir la adopción de los hijos (Rm. 8, 23), no se funda en nuestros méritos, sino en la gracia de Dios, la misma gracia mencionamos al principio de la oración cuando decimos *Padre nuestro*. Con este nombre se inflama la caridad, pues ¿qué puede ser más querido para los hijos que el padre? Cuando llaman los hombres a Dios: *Padre nuestro,* se aviva el afecto y cierta presunción de obtener lo que debemos pedir, puesto que antes de pedir algo hemos recibido un don tan grande, que nos atrevamos a decir a Dios: *Padre nuestro.* ¿Qué no va a conceder a los hijos que piden, habiéndoles otorgado ya antes el ser hijos? Finalmente, ¿con cuánto cuidado previene el interior del hombre, para que aquel que dice: *Padre Nuestro*, no sea indigno de tan gran Padre? Porque, si un plebeyo de edad madura fuera autorizado por un senador para llamarle padre, sin duda alguna temblaría y ni se atrevería fácilmente a hacerlo teniendo en cuenta la inferioridad de su estirpe, la indigencia de riquezas y la vileza de una persona plebeya: Pero ¿cuánto más habrá de temblar uno de llamar a Dios Padre, si es tanta la fealdad de su alma y tanta la maldad de sus costumbres, que provocan a Dios para que las aleje de su unión mucho más justamente que aquel senador alejara la pobreza de cualquier mendigo? Después de todo, el senador desprecia en el mendigo lo que él puede llegar a ser por la fragilidad de las cosas temporales. Sin embargo, Dios nunca cae en costumbres viciosas. Y demos gracias a su misericordia, que nos exige solo aquello según lo cual pueda ser padre y que a ningún precio se puede adquirir, sino solo con buena voluntad. También aquí se amonesta a los ricos o a los nobles según el mundo que, cuando se hiciesen cristianos, no se ensoberbezcan contra los pobres y plebeyos, porque con ellos dicen a Dios: *Padre nuestro*, que no pueden decirlo verdadera y piadosamente si no se reconocen como hermanos.

CAPÍTULO V

17. Use, por tanto, de la palabra del Nuevo Testamento el nuevo pueblo, llamado a la herencia eterna y diga: *Padre nuestro que estás en los cielos*, es decir, en los santos y virtuosos, ya que Dios no está limitado por el espacio cósmico. Los cielos son los cuerpos más excelentes del cosmos, pero, no obstante, son cuerpos, que solo pueden estar en un lugar. Pero si alguno cree que la sede de Dios está en los cielos en cuanto que son las partes más altas del mundo, están en mejores condiciones las aves, ya que sus vidas están más cerca de Dios. No se ha escrito: El Señor está cerca de los hombres excelsos, y de los que habitan en los montes, sino que está escrito: *El Señor está cerca de los contritos de corazón (Sal. 33, 19)*, y esto pertenece a la humildad. Así como el pecador es llamado tierra, ya que de él se ha dicho: *Tierra eres y a la tierra irás (Gn. 3, 19)*, así se puede decir que el justo es el cielo. Pues se dice de los justos: *El templo de Dios es santo, y éste sois vosotros.* (1Cor. 3, 17) Por lo tanto, si Dios habita en su templo y los santos son su templo, *que estás en los cielos* significa que estás en los santos. Es muy apropiado este símil para hacer ver que espiritualmente hay tanta diferencia entre los virtuosos y los pecadores como corporalmente hay entre el cielo y la tierra.

18. Con la intención de significar este pensamiento, cuando nos ponemos en oración, nos volvemos hacia oriente, donde se inicia el cielo; no como si habitase allí Dios, como si hubiese abandonado las otras partes del mundo, él que está presente en todas las partes, no en el espacio físico, sino con la fuerza de su majestad. Con el fin de que tome conciencia el alma de la necesidad de convertirse a la naturaleza más excelente, esto es, hacia Dios, puesto que su mismo cuerpo, que es terreno, se convierta en un cuerpo más perfecto, es decir, en un cuerpo celeste. Es bueno esto para el progreso religioso y aprovecha mucho para que todos los sentidos, pequeños y grandes, sientan bien de Dios. Y por esto aquellos que están cautivos de las bellezas terrenas y no pueden imaginar algo incorpóreo, es necesario que estimen más el cielo que la tierra. Es más tolerable la opinión de aquellos que tienen todavía una idea corpórea de Dios, si creen que está más bien en el cielo que en la tierra. Y esto a fin de que, cuando lleguen a saber que el valor del alma es superior a un cuerpo celeste, lo busquen más bien en el alma que en un cuerpo, aunque sea celeste y cuando lleguen a conocer cuánta diferencia hay entre el alma de los pecadores y la de los virtuosos, como no se atrevían a colocar a Dios en la tierra, sino en el cielo, cuando lo intentaban todavía según la carne (1Cor. 3, 17), así después con la fe más madura y también con la inteligencia lo busquen más bien en el alma de los virtuosos que en la de los pecadores. Por consiguiente, se interpreta correctamente diciendo que *Padre nuestro que estás en los cielos (Mt. 6, 9)* significa en el corazón de los justos, como en su templo santo. Al mismo tiempo, quien ora, quiere que también habite en él aquel a quien ora; y mientras aspira a esto, practique la justicia, ya que con esta finalidad es invitado Dios a habitar en el alma.

19. Veamos ahora qué es lo que se debe pedir. Se ha expuesto ya quién es a quien se pide y dónde habita. Lo primero que se ha de pedir es: *Que sea santificado tu nombre*. (Mt. 6, 11) No se pide como si no fuera santo el nombre de Dios, sino para que sea tenido por los hombres como santo, es decir, que de tal manera se reconozca a Dios, que no se juzgue ninguna otra cosa como más santa y a quien se tema más ofender. Ni tampoco por haberse dicho: *Dios es conocido en Judea, en Israel y su nombre es grande (Sal. 75, 2)*, se debe entender como si en otro lugar sea Dios tenido por menor y en otro distinto por mayor; sino que allí será tenido su nombre como grande donde se le nombre por su inmensa grandeza. Allí será nombrado el nombre del Señor donde se le nombre con veneración y con temor de ofenderle. Es esto lo que sucede ahora mientras el Evangelio, dándole a conocer por muchos pueblos, recomienda el nombre del único Dios por mediación de su Hijo.

CAPÍTULO VI

20. Después continúa: *Venga tu reino (Mt. 6, 10)*, como el mismo Señor enseña en el Evangelio; entonces el día del juicio futuro llegará, cuando el Evangelio haya sido anunciado a todas las gentes (Mt. 24, 14); esto pertenece a la santificación del nombre de Dios. Ni tampoco se ha dicho aquí: Venga tu reino, como si en el momento presente el Señor no reinara. Quizás alguno diga que la palabra venga significa sobre la tierra: como si no reinara hoy en la tierra, ya que siempre ha reinado desde la creación del mundo. El término *venga* se debe interpretar: que se manifieste a los hombres. Como, en efecto, la luz, aunque presente, está ausente para los ciegos y para los que cierran los ojos, así el reino de Dios, aunque nunca abandona la tierra, es invisible para aquellos que no le conocen. A ninguno le será lícito ignorar el reino de Dios, porque su Unigénito, no solo en el campo del pensamiento, sino también en la experiencia, ha venido del cielo en la persona del Señor para juzgar a vivos y muertos. Y después de este juicio, es decir, cuando suceda la distinción y separación de buenos y malos, Dios estará presente en los buenos de tal manera que no habrá más necesidad de la enseñanza humana, sino que todos, como tenemos en la Escritura, *serán amaestrados por Dios*. (Is. 54, 13; Jn. 6, 45) Después la felicidad será plenamente acabada como final en los santos para siempre, al igual que ahora los ángeles del cielo, sumamente santos y fieles, solo con la iluminación del Señor, poseen la plenitud de la sabiduría y de la felicidad, ya que también el Señor prometió todo esto a los suyos: *En la resurrección serán, dice, como ángeles de Dios*. (Mt. 22, 30)

21. Después de aquella petición en la que decíamos: *Venga tu reino*, sigue: *Hágase tu voluntad, como en el cielo, así en la tierra (Mt. 6, 10)*; es decir, así como se hace tu voluntad en los ángeles que están en el cielo, de tal manera que están tan unidos a ti y en ti son felices, ya que ningún error oscurece la plenitud de su pensamiento, ninguna infelicidad impide su felicidad, así suceda en tus santos que están en la tierra y han sido hechos de la tierra en cuanto se refiere al cuerpo, y aunque tiendan a un lugar celeste e inmutable, siempre han de ser tomados de la tierra. Se refiere a esto aquel anuncio de los ángeles: *Gloria a Dios en lo alto de los cielos y paz en la tierra a los hombres de buena voluntad*. (Lc. 2, 14) Esto a fin de que cuando preceda nuestra buena voluntad, que sigue al que es llamado, se cumpla en nosotros la voluntad de Dios, al igual que en los ángeles celestes, a fin de que ninguna adversidad turbe nuestra bienaventuranza, que es la paz. Y así hay que entender de forma recta *hágase tu voluntad*, que se obedezca a tus preceptos, así en el cielo como en la tierra (Mt. 6, 10), es decir, así como por los ángeles, también por los hombres. El mismo Señor afirma que se cumple la voluntad de Dios cuando se obedece a sus mandamientos, cuando dice: *Mi comida es hacer la voluntad de aquel que me envió (Jn. 4, 34)*, y con mucha frecuencia: *No vine a hacer mi voluntad, sino la voluntad de quien me envió*. (Jn. 6, 38) *Y cualquiera que haga la voluntad de Dios es mi hermano, mi madre y mi hermana*. (Mt. 12, 49-50) Quienes hacen la voluntad de Dios, en ellos se cumple la voluntad de Dios, no porque ellos hagan que Dios quiera, sino porque hacen lo que Él quiere, es decir obran según su voluntad.

22. Hay otra forma de entender: *Hágase tu voluntad, como en el cielo, así en la tierra*, es decir, como en los santos y justos, también en los pecadores. Y esto a su vez se puede entender de dos formas: bien sea que oremos también por nuestros enemigos: ¿se pueden considerar, en verdad, de otro modo aquellos contra cuya voluntad se dilata el nombre cristiano y católico? Se ha dicho de tal menara: *Hágase tu voluntad, como en el cielo, así en la tierra*, como si pudiera decirse: Que hagan tu voluntad así como la hacen los justos, también los pecadores, para que se conviertan a ti. O también: *Se haga tu voluntad en el cielo como en la tierra*, para que a cada uno se le dé lo suyo; se hará en el último juicio, de tal forma que a los justos se les dará el premio y a los pecadores la condena, cuando se separarán los corderos de los cabritos. (Mt. 25, 33)

23. Tampoco es absurdo, al contrario, muy de acuerdo con nuestra fe y esperanza, el que entendamos por cielo y tierra el espíritu y la carne. Y dado que dice el Apóstol: *Con la mente sirvo a la ley de Dios, con la carne a la ley del pecado (Rm. 7, 25)*, vemos que la voluntad de Dios se hace en la mente, esto es, en el espíritu. Mas *cuando la muerte sea absorbida por la victoria y este cuerpo mortal sea absorbido por la inmortalidad*, y esto sucederá con la resurrección de la carne y con la transfiguración, que ha sido prometida según predicación del mismo Apóstol a los justos (1Cor. 15, 54), entonces se hará la voluntad de Dios en la tierra como se hace en el cielo; es decir, así como el espíritu no se resiste a Dios siguiendo sus mandatos y haciendo su voluntad, así tampoco el cuerpo se oponga al espíritu o al alma, la cual es ahora atormentada por la enfermedad del cuerpo y está propensa a la costumbre de la carne. En la vida eterna será propio de la paz perfecta que no solo nos atraiga el querer, sino también el realizar el bien. *Ahora me atrae el querer el bien*, dice el Apóstol, *pero no el cumplirlo (Rm. 7, 18)*, porque todavía no está cumplida la voluntad de Dios como en el cielo así en la tierra, es decir, todavía no en la carne como en el espíritu. Pues en nuestra miseria se hace también la voluntad de Dios cuando por la carne sufrimos todo aquello que corresponde por la condición de mortalidad, que por el pecado mereció nuestra naturaleza. Pero debemos orar que, así como en el cielo y en la tierra se cumple la voluntad de Dios, es decir, que, así como nos complacemos en la ley de Dios según el hombre interior (Rm. 7, 22), así también, realizada la transfiguración de nuestro cuerpo, ninguna de nuestras partes, por dolores físicos o por delectaciones terrenas, se oponga a esta nuestra felicidad.

24. Y no va en contra de la verdad interpretar las palabras *Hágase tu voluntad, como en el cielo, así en la tierra (Mt. 6, 10)*, como en el mismo Señor Jesucristo, así también en la Iglesia; como en el hombre que ha cumplido la voluntad del Padre, así también en la mujer, con la cual se ha casado. En efecto, cielo y la tierra se puede convenientemente entender como el varón y la mujer, porque la tierra es fructífera fertilizándola el cielo.

CAPÍTULO VII

25. La cuarta petición es: *Danos hoy nuestro pan de cada día*. (Mt. 6, 11) El pan cotidiano se interpreta de diversas formas: o todo aquello que sirve para el sostenimiento de la vida física; de hecho, exhortando a este respecto dice: *No penséis en el día de mañana (Mt. 6, 34)*, y por esto añade: *Danos hoy*; o por el sacramento del Cuerpo de Cristo, que diariamente recibimos; o por la comida espiritual, de la cual dijo el mismo Señor: *Trabajad por la comida que no se corrompe (Jn. 6 ,27)*; y también: *Yo soy el pan de vida, que ha descendido del cielo*. (Jn. 6, 41) Ahora se puede considerar cuál de estas interpretaciones es la más probable. Puede darse que alguien pueda estar preocupado por qué tenemos que orar para conseguir lo necesario para esta vida, como es la comida y el vestido, dado que el Señor había dicho: *No estéis preocupados por lo que vais a comer o con qué os vais a vestir*. (Mt. 6, 31) ¿Puede alguien no estar preocupado de las cosas por las cuales ora para conseguirlas, como que haya que dirigir la oración con tanta atención (Lc. 12, 22), ya que a esto se refiere todo lo que se dice de cerrar las puertas de la habitación (Mt. 6, 6), y lo que dice: *Buscad primero el reino de Dios y todas las demás cosas se os darán por añadidura*? (Mt. 6, 33; Lc. 12, 31) No ha dicho: *Buscad en primer lugar el reino de Dios, y después buscad todas estas cosas*, sino: *Todas estas cosas, dice, os serán dadas por añadidura*, incluso a los que no las pidan. Yo no sé encontrar la manera cómo se pueda decir con verdad que alguno no busca aquello que, para recibirlo, suplica a Dios con tanta atención.

26. Respecto del sacramento del cuerpo del Señor, para no entrar en cuestión con muchos en las regiones orientales, que no comulgan el Cuerpo de Cristo diariamente, aunque se haya dicho que este pan es cotidiano. Pues que se callen y que no defiendan su opinión sobre este tema, bien sea con la autoridad eclesiástica, ya que lo hacen sin escándalo, ni lo tienen prohibido por quienes presiden las distintas iglesias, ni que sean acusados los que así obran. De donde se prueba que en esos lugares no se pueda entender en este sentido el pan cotidiano; pues serían acusados de grandes pecados los que no lo recibieran diariamente. Pero para no discutir sobre ninguna de estas opiniones, según queda dicho, se debe ciertamente recordar a los que reflexionan que hemos recibido del Señor una norma de oración, la cual no se puede transgredir ni por añadidura ni por omisión. Siendo esto así, ¿quién ha dicho que solo debemos recitar una vez la plegaria del Señor o si se recite una segunda y tercera vez, solo hasta la hora en que recibamos el cuerpo de Cristo y que después ya no se ha de orar así durante el resto del día? En efecto, no podríamos decir: *Danos hoy*, lo que ya hemos recibido. O ¿podría alguien obligar a que celebremos el sacramento en la última parte del día?

27. Por tanto, solo queda el que podamos entender por pan cotidiano el pan espiritual: es decir, los mandamientos del Señor, que se necesitan meditar y observar todos los días. Pues de estos mismos dijo el Señor: *Procuraos la comida que no se corrompe.* (Jn. 6, 27) Se llama cotidiana esta comida aquí, mientras esta vida temporal se desarrolla por días que pasan y se suceden. Mientras los afectos del alma se alternan dirigiéndose unas veces hacia los bienes superiores, otras hacia los inferiores, es decir, unas veces hacia los espirituales, otras hacia los carnales, como aquel que unas veces toma el alimento, otras pasa hambre, pero todos los días necesita comer pan para calmar el hambre y restaurar las fuerzas, así también nuestro cuerpo, en esta vida y antes de la transfiguración, necesita alimentarse con comida, ya que siente el desgaste; también el alma, ya que a causa de los afectos temporales, sufre como una disminución de fuerzas en la tensión hacia Dios y se restablece con el alimento de los mandamientos. *Dánoslo hoy* también se dice: mientras se dice *hoy*, se refiere a esta vida temporal. Después de esta vida seremos saciados del alimento espiritual por toda la eternidad, de tal manera que entonces ya no se llamará pan cotidiano, pues allí no habrá más volubilidad del tiempo, que hace que unos días sucedan a otros, por lo que se llama *cotidianamente*. Como se ha dicho: *Si oyerais hoy la voz del Señor (Sal. 94, 8)*, lo que es interpretado por el apóstol Pablo en la Carta a los Hebreos: *Mientras dura el día que se dice hoy (Hb. 3, 13)*, lo que ha de entenderse:

Dánoslo hoy. Si alguno, por el contrario, quiere entender esta frase en relación con el alimento necesario del cuerpo o el sacramento del Señor, es conveniente que los tres significados se entiendan de forma unida, es decir, que se pida al mismo tiempo el pan cotidiano, tanto el necesario para el cuerpo como el pan consagrado visible y el pan invisible de la Palabra de Dios.

CAPÍTULO VIII

28. Sigue la quinta petición: *Y perdona nuestros pecados, como también nosotros perdonamos a nuestros deudores.* (Mt. 6, 12) Es evidente que se llama deuda a los pecados o en el sentido que el mismo Señor indica: *No saldrás de allí hasta que no pagues el último céntimo (Mt. 5, 26)* o también porque llamó deudores a aquellos de quienes le fue anunciado que habían perecido, bien fuera por la ruina de la torre o porque Pilatos había mezclado su sangre con la del sacrificio. (Lc. 13, 1-5) Pues dijo que pensaban los hombres que aquellos eran deudores en gran manera, es decir pecadores, y añadió: *En verdad os digo, a no ser que hagáis penitencia, pereceréis igualmente.* (Lc. 13, 5) Con estas palabras no urge a cualquiera a perdonar el dinero a los deudores, sino todas las ofensas que el otro ha cometido contra él. Pues a perdonar el dinero, más bien se nos manda en aquel otro precepto que se ha dicho arriba: *Si alguien te quiere llevar a juicio para quitarte la túnica, entrégale también la capa.* (Mt. 5, 40) Tampoco aquí es necesario perdonar la deuda a cualquier deudor pecuniario, sino a aquel que no quisiere devolverla, hasta el punto que quisiera incluso pleitear. *Al siervo del Señor no le conviene pleitear*, dice el Apóstol. (2Tm. 2, 24) Se le debe perdonar a aquel que ni por propia iniciativa ni por requerimiento quiere devolver el dinero debido. Por dos motivos no querrá devolver la deuda: o porque no lo tiene, o porque es avaro y codicioso del bien ajeno. Ambos motivos pertenecen a la indigencia: El primero pertenece a la carencia de bienes materiales; el segundo a la pobreza de espíritu. Quienquiera que perdona la deuda a un tal individuo, perdona a un necesitado y obra cristianamente, manteniendo aquella regla que prescribe que esté preparado a perder lo que se le debe. Mas, si modesta y mansamente actuara de tal manera que se le restituyese, no atendiendo tanto al interés de recobrar el dinero cuanto a que se corrija el hombre, al que es pernicioso el tener con qué restituir la deuda y no restituirla, no solo no pecará, sino que le aprovechará muchísimo, a fin de que el otro no sufra daño en su fe, por el hecho de querer aprovecharse del dinero ajeno. Y esto es tanto más grave en cuanto que no tiene comparación alguna. A esta conclusión se llega en la misma petición en la que pedimos: *Perdónanos nuestras* *ofensas*, como también nosotros perdonamos a los que nos ofenden (Mt. 6, 12); que no se trata explícitamente del dinero, sino de todos los casos en los que alguien peca contra nosotros y por esto también del dinero. Peca, pues, contra ti quien rechaza el restituir el dinero que te debe, cuando tiene con qué devolver. Si no perdonas este pecado, no puedes decir: *Perdónanos nuestras deudas, como nosotros perdonamos*. Pero si perdonas, ten en cuenta que a aquel a quien se le ordena pedir con esta oración, se le exhorta a perdonar también la deuda monetaria.

29. Se puede, ciertamente, tratar este tema, porque decimos: *Perdónanos, como también nosotros perdonamos*; nos debemos dar cuenta que hemos actuado contra este mandato si no perdonamos a quienes piden perdón, ya que queremos que el Padre misericordioso nos perdone a los que le pedimos perdón. Pero en lo referente al precepto en que se nos pide orar por nuestros enemigos (Mt. 5, 44), no se nos pide hacerlo por los que piden perdón. Estos tales ya no son enemigos. De ningún modo diría alguien con sinceridad que ora por aquel a quien no ha perdonado. Por tanto, se debe reconocer que se deben perdonar todos los pecados cometidos contra nosotros, si queremos que nos sean perdonadas las culpas que hemos cometido contra el Padre. Pues de la venganza, según pienso, ya se ha hablado suficientemente.

APÍTULO IX

30. La sexta petición dice: *No nos dejes caer en la tentación*. (Mt. 6, 13) Algunos manuscritos dicen: *no nos induzcas a la tentación*, que juzgo tenga el mismo significado; en efecto, de la misma palabra *eisenégkes* ha sido traducida una y otra. Muchos al rezar dicen así: No permitas que seamos inducidos a la tentación, mostrando de esta forma cómo ha sido introducida la traducción induzcas a la tentación. En efecto, Dios no nos induce a la tentación por sí mismo, sino que permite sea inducido alguien a quien le quitó su ayuda por ocultos y justos designios o por hacerse merecedor de ello. Muchas veces también por causas manifiestas juzga que uno merece ser privado de su ayuda y le deja caer en la tentación. Una cosa es ser inducido a la tentación y otra es ser tentado. Pues sin tentación nadie puede ser probado, ni para sí mismo, como encontramos en la Escritura: *Quien no ha sido tentado, ¿qué puede saber?* (Si. 34, 9.11), ni para el otro, como dice el Apóstol: *No habéis despreciado lo que era para vosotros una tentación en la carne*. (Ga. 4, 13-14) Precisamente por este hecho los reconoció fieles, ya que no se separaron de la caridad a causa de los sufrimientos del Apóstol padecidos en su físico. Mas Dios nos conoce a todos antes de cualquier tentación, ya que Él conoce todo antes de que suceda.

31. En lo escrito: *El Señor, Dios vuestro, os tienta para saber si le amáis* (Dt. 13, 3) la expresión *para saber* se ha de entender en el siguiente sentido: para que os haga saber; como cuando decimos que un día está alegre, por un día que nos alegra; un frío pesado, por un frío que entumece, y otras formas de hablar que se dan en la jerga habitual, o en el lenguaje de los literatos y en los libros de Sagrada Escritura. Lo cual no entienden los herejes que rechazan el Antiguo Testamento y juzgan que esto es tachar de ignorante a aquel de quien se dijo: *El Señor, vuestro Dios, os tienta*, como si en el Evangelio no estuviese escrito del Señor: *Esto lo decía para tentarle. Pues él sabía lo que iba a hacer.* (Jn. 6, 6) En efecto, si conocía el corazón de aquel a quien tentaba, ¿qué intentaba conocer tentándole? Ciertamente se realizó esto para que se conociera a sí mismo aquel que era probado y condenase su desconfianza, viendo a la muchedumbre saciada con el pan del Señor, mientras que él había pensado que no tenían qué comer.

32. Por consiguiente, no se pide aquí que no seamos tentados, sino de no caer en la tentación; como si alguno es obligado a pasar la prueba del fuego, no se pide el no ser tocado por el fuego, sino que no le abrase el fuego. En efecto, *en el horno se prueban los vasos de arcilla y en la tentación de la tribulación los hombres justos.* (Si. 27, 6) José fue tentado con la tentación del adulterio, pero no sucumbió a la tentación (Gn. 39, 7); También Susana fue tentada y tampoco fue arrastrada por la tentación (Dn. 13, 19-23); y muchos otros de uno y otro sexo, pero sobre todo Job, de cuya admirable fidelidad a Dios, su Señor, pretenden mofarse aquellos herejes enemigos del Antiguo Testamento con sacrílegas expresiones, insistiendo sobre todo en aquel pasaje en que dice que Satanás pidió tentarle. (Jb. 9, 12) Preguntan a los ignorantes, absolutamente incapaces de entender algunas cosas, de qué manera fue posible a Satanás hablar con Dios, no dándose cuenta -no pueden, por otra parte, ya que están obcecados por la superstición y la contienda- que Dios no ocupa un lugar en el espacio con la dimensión de su cuerpo; de modo que en un sitio esté y en otro no esté, o que tenga aquí una parte de sí mismo y en otro lugar otra, sino que está presente en todas partes con su majestad, ni dividido en partes, sino en todo lugar perfecto. Y si entienden en sentido literal la frase: *El cielo es mi trono y la tierra peana de mis pies (Is. 66, 1)*, a este lugar se refiere también el Señor con las palabras: *No juréis ni por el cielo, porque es el trono de Dios, ni por la tierra, porque es la peana de sus pies (Mt. 5, 34-35)*, ¿qué hay de extraño en que el diablo, situado en la tierra, se pusiera a los pies de Dios, y que le hablara algo en su presencia? (Jb. 1, 7)¿Cuándo terminarán de entender estos tales que no hay un alma, aunque sea la más perversa, que pueda razonar de alguna manera, en cuya conciencia Dios no hable? ¿Quién sino Dios ha escrito en el corazón de los hombres la ley natural? De esta ley dice el Apóstol: *En verdad, cuando los gentiles, que no tienen ley, hacen por razón natural lo que manda la ley, estos tales, no teniendo ley, son para sí* *mismos ley viva y ellos hacen ver que lo que la ley ordena está escrito en sus corazones, como se lo atestigua su propia conciencia y las diferentes reflexiones que allí en su interior ya les acusan o también les defienden, como se verá aquel día en que Dios juzgará los secretos de los hombres.* (Rm. 2, 14-16)

Por consiguiente, toda alma racional, aunque esté obcecada por las pasiones, sin embargo, si todavía piensa y razona, todo lo que mediante su razonamiento es verdadero, no se le debe atribuir a ella, sino a la luz de la verdad, la cual la esclarece, aunque sea débilmente, según su capacidad, de tal forma que algo verdadero encuentre en su razonamiento; ¿qué tiene de extraño que el alma del diablo corrompida con perverso deseo oiga la voz de Dios, es decir, la voz de la misma verdad, todo lo que pensó de un hombre justo cuando quería tentarle?. (Jb. 1, 8; 2, 3) Y al contrario, todo lo que era falso, se atribuye a aquella perversión de la que recibe el nombre de diablo. Puesto que también, muchas veces, por medio de criaturas corporales y visibles habló Dios, tanto a los buenos como a los malos, como Señor y administrador de todas las cosas (Est. 15, 5) y ordenador de ellas según la capacidad de cada una; como asimismo se sirvió de los ángeles, que se aparecieron también con apariencia de hombres (Gn. 18, 2) y por medio de los profetas diciendo: Esto dice el Señor. (Is. 42, 5) ¿Por qué ha de asombrarse ahora uno, si se dice que Dios ha hablado con el diablo, ciertamente no a través del pensamiento, sino a través de una criatura acomodada a este cometido?

33. Y no juzguen que es deferencia y casi mérito a su virtud el hecho de que Dios haya hablado con él, porque ha hablado con espíritu angélico, aunque necio y apasionado, como si hablase con un alma humana necia y apasionada. O si no digan ellos mismos de qué manera Dios ha hablado con aquel rico cuya estúpida avaricia quiso reprender diciendo: *Necio, esta misma noche han de exigir de ti la entrega de tu alma: ¿De quién será cuanto has almacenado? (Lc. 12, 20)* Ciertamente, esto lo dice el mismo Señor en el Evangelio, al cual estos herejes, quiéranlo o no, inclinan la cabeza. Más si ellos se preocupan del hecho que Satanás pide a Dios el tentar a un hombre justo, yo no pretendo explicar la razón de por qué sucedió esto, pero les requiero que me aclaren por qué se dijo en el Evangelio a los discípulos: *He aquí que Satanás ha pedido cribaros como el trigo (Lc. 22, 31)*, y a Pedro le dijo: *Pero yo he rogado para que tu fe no perezca.* (Lc. 22, 32) Cuando me expliquen todo esto, ellos a la vez se dan a sí mismos la solución de aquello que pretenden les declare yo. Y si no son capaces de explicarlo, no se atrevan a reprobar temerariamente en libro alguno lo que leen en el Evangelio sin ninguna repugnancia.

34. Suceden, pues, las tentaciones de Satanás, no por su poder, sino con permiso del Señor para castigar a los hombres por sus pecados o para probarlos y ejercitarlos en referencia a la misericordia de Dios. Importa mucho distinguir en qué tipo de tentación incurre cada uno. Pues no es lo mismo el tipo de tentación en que cayó Judas, que vendió al Señor (Mt. 26, 15), que en la que cayó Pedro, que negó, atemorizado, a su Señor. (Mt. 26, 69-75) Hay, pues, tentaciones humanas, creo, como sucede cuando uno con buena intención, según los límites de la humana debilidad, se equivoca en algún proyecto o se irrita contra algún hermano con la intención de corregirlo, pero un poco más allá de lo que pide la serenidad cristiana. A éstas se refiere el Apóstol cuando dice: *No os ha sobrevenido tentación que no fuera humana*, y el mismo dice: *Pero fiel es Dios, que no permitirá que seáis tentados sobre vuestras fuerzas, sino que de la misma tentación os hará sacar provecho, para que podáis sosteneros.* (1Cor. 10, 13) Con este pensamiento muestra suficientemente que no debemos orar para no ser tentados, sino para que no caigamos en la tentación. Caeremos, pues, si fueran de tal naturaleza que no pudiéramos soportar. Pero dado que las tentaciones más peligrosas, en las cuales es pernicioso sumergirse e introducirse en ellas, tienen su origen en las prosperidades temporales o en las adversidades, nadie será abatido por la molestia de la adversidad, que no se deje llevar por los atractivos de la prosperidad.

35. La última y la séptima petición es: *Líbranos de todo mal.* (Mt. 6, 13) Se debe orar para no solo no caer en el mal que no tenemos -y esto se pide en el sexto lugar-, sino para que seamos también liberados del mal, en el que ya hemos caído. Pues, conseguido esto, ya no quedará nada que temer, ni se deberá ya temer alguna tentación. Sin embargo, no se debe esperar que esto suceda en esta vida mientras llevemos con nosotros esta nuestra condición mortal a que nos condujo la seducción de la serpiente (Gn. 3, 4-5.13); más bien debemos esperar que llegará algún día y esta es la esperanza que no se ve. Precisamente, hablando de esto el Apóstol, dice: *Una esperanza que se ve, no es esperanza.* (Rm. 8, 24) Sin embargo, no se debe desesperar de la sabiduría que también en esta vida ha sido concedida a los creyentes hijos de Dios. Consiste esta sabiduría en huir con especial diligencia de todo aquello que por revelación de Dios entendamos que debe evitarse; y apetezcamos con ardentísima caridad todo aquello que por revelación de Dios entendamos que se ha de amar. Porque, cuando la muerte despoje al hombre del restante peso de mortalidad, de parte de todo componente del hombre, en el tiempo oportuno, será realizada como fin la felicidad que ha comenzado ya en esta vida y que, para conseguirla definitivamente después, se pone ahora todo el esfuerzo posible.

CAPÍTULO X

36. Pero se debe considerar y discutir la distinción que hay entre estas siete peticiones. Como nuestra vida actual se desarrolla en el tiempo y se espera la vida eterna y como, por otra parte, los valores eternos son anteriores por dignidad, si bien es verdad que se pasa a ellos después de haber realizado los del tiempo. En efecto, la consecución de las tres primeras peticiones tiene su principio ya en esta vida, que se desarrolla en el tiempo; de hecho, la santificación del nombre del Señor ha comenzado a verificarse desde la venida del Señor en nuestra humildad; la venida del reino del Señor, en el cual él vendrá en esplendor, no se manifestará después del fin el tiempo, sino al final del tiempo; y el cumplimiento de su voluntad como en el cielo, así en la tierra, bien sea que por cielo y por tierra se entiendan los justos y los pecadores, o el espíritu y la carne, o el Señor y la Iglesia, o todos al mismo tiempo, se completará con la perfección de nuestra felicidad y por tanto será al final de los tiempos, aunque las tres cosas permanecerán eternamente. Porque efectivamente la santificación del nombre del Señor es eterna, su reino no tendrá fin y se promete la vida eterna para nuestra perfecta felicidad. Permanecerán unidas y perfeccionadas estas tres cosas en aquella vida que se nos promete.

37. Las otras cuatro cosas que pedimos me parecen pertenecer a esta vida temporal. La que está en primer lugar: *Danos hoy nuestro pan de cada día.* (Mt. 6, 11) Por el hecho de ser llamado pan cotidiano, bien sea que se diga del pan espiritual o el del sacramento o este visible del alimento, pertenece al tiempo presente, que se le llamó *hoy*; no porque el alimento espiritual no sea eterno, sino porque este pan, que en la Escritura ha sido considerado como cotidiano, se ofrece al alma tanto con el sonido de las palabras como con varios signos temporales. Todas estas cosas no existirán entonces, cuando, según San Juan, *todos puedan ser instruidos por Dios (Is. 54, 13; Jn. 6, 45)* y percibirán la inefable luz de la verdad no por movimientos de cuerpos que la manifiesten, sino que la tocarán con un puro acto de la mente. Y quizás por esto ha sido llamado pan, y no bebida, porque el pan partiéndolo y masticándolo se convierte en alimento, así como la Escritura, abriéndola y meditándola, sustenta al alma; mientras que la bebida preparada de antemano pasa al interior del cuerpo, tal como es; de tal manera que en esta vida la verdad es el pan, que se llama cotidiano, mas en la otra es la bebida, puesto que no habrá trabajo alguno de discusión, ni de palabras, como de partir y masticar, sino solamente contemplación pura y resplandeciente de la verdad. En el tiempo presente nos serán perdonados los pecados y los perdonaremos, en lo que consiste la segunda de las restantes cuatro peticiones; en la otra vida no habrá perdón de los pecados, ya que no los habrá. Las tentaciones infectan esta vida temporal; después ya no habrá más tentaciones y se cumplirá lo que dice el salmo: *tú les esconderás en lo secreto de tu rostro.* (Sal. 30, 21) Y el mal, del que deseamos ser liberados y la misma liberación del mal pertenece también a esta vida, que por la justicia de Dios hemos merecido estar sujeta a muerte y de la cual por la misericordia de Dios seremos liberados.

CAPÍTULO XI

38. También me parece que el número siete de las peticiones se corresponde con el número siete de las bienaventuranzas, del que deriva todo el discurso. En efecto, si el temor de Dios es el que hace bienaventurados a los pobres de espíritu porque de ellos es el reino de los cielos (Mt. 5, 3): pidamos que sea santificado entre los hombres el nombre de Dios con el temor casto, que permanece por los siglos de los siglos. (Sal. 18, 10) Si la piedad es la que hace bienaventurados a los mansos, porque ellos poseerán la tierra, pidamos que venga su reino, ya sea a nosotros mismos para que nos amansemos y no le resistamos, ya del cielo a la tierra con la gloria del advenimiento del Señor, en el cual nos alegraremos y conseguiremos la gloria, porque él dice: *Venid, benditos de mi Padre, recibid el reino que os ha sido prometido desde la creación del mundo (Mt. 25, 34)*; pues *en el Señor*, dice el profeta, *se alegrará mi alma; oigan los humildes y se alegrarán (Sal. 33, 3)*. Si es por la ciencia por la que son felices los que lloran, porque ellos serán consolados, oremos para que se haga su voluntad así en el cielo como en la tierra, porque cuando el cuerpo, como tierra, se conforme con el espíritu, como cielo, con suma y completa paz, nosotros ya no lloraremos; porque no hay otra razón para que lloremos en esta vida, sino cuando entre ellos, el cuerpo y el espíritu, luchen y nos fuercen a decir: *Veo que hay en mis miembros una ley que resiste a la ley de mi espíritu (Rm. 7, 23)*, y a confesar nuestra aflicción con voz de llanto: *¡Oh, qué hombre tan infeliz soy!; ¿Quién me librará de este cuerpo de muerte? (Rm. 7, 24)*. Si la fortaleza es la que hace que sean bienaventurados los que tienen hambre y sed de la justicia, roguemos que el pan nuestro de cada día se nos dé hoy para que, fortalecidos y sustentados por él, podamos llegar a aquella completísima hartura. Si el consejo es el que hace bienaventurados a los misericordiosos, porque ellos alcanzarán misericordia, perdonemos las deudas a nuestros deudores, y oremos para que se nos perdonen nuestras deudas. Si el entendimiento es el que hace que sean bienaventurados los limpios de corazón, porque ellos verán a Dios, oremos para que no caigamos en la tentación, para que no tengamos un corazón doble, no ordenando todo al verdadero bien al cual dirigir todas nuestras acciones, sino persiguiendo al mismo tiempo los bienes temporales y los eternos. La tentaciones, en efecto, que provienen de las cosas, que parecen a los hombres molestas y desastrosas, no tienen poder sobre nosotros, si no lo tienen las que provienen de los halagos de aquellas cosas que juzgan los hombres convenientes y dignas de regocijo. Si es la sabiduría la que hace bienaventurados a los pacíficos, porque ellos serán llamados hijos de Dios, pidamos que seamos librados del mal, pues la misma liberación nos hace libres, esto es, hijos de Dios, para que con el espíritu de adopción clamemos: *¡Abba, Padre! (Rm. 8, 15; Ga. 4, 6)*

39. Sin duda no se debe omitir por descuido que, de todas estas sentencias con las cuales el Señor nos ha ordenado orar, ha juzgado deber recomendar sobre todo aquella que se refiere al perdón de los pecados, en la cual ha querido que fuésemos misericordiosos, que es el único consejo para evitar las miserias de la vida. En ninguna otra sentencia oramos así como si pactáramos con Dios; pues decimos: *perdónanos, como nosotros perdonamos*. Si mentimos en este acuerdo, no sacamos provecho alguno de la oración. Así dice: *Pues si perdonareis a los hombres sus pecados, también vuestro Padre que está en los cielos os perdonará. Pero si no perdonareis a los hombres, tampoco vuestro Padre perdonará vuestras culpas. (Mt. 6, 14-15)*

CAPÍTULO XII

40. Sigue ahora el precepto del ayuno, perteneciente también a la limpieza del corazón, de la cual estamos tratando. También en este cometido se debe evitar que se insinúen la ostentación y deseo de alabanzas humanas que infecta la doblez del corazón y no le permite la pureza y sencillez necesarias para ver a Dios. Así dice: *Cuando ayunéis, no os pongáis tristes como los hipócritas; desfiguran su rostro, para mostrar a los hombres que ayunan. En verdad os digo que ya recibieron su galardón. Mas vosotros, cuando ayunéis, perfumad vuestra cabeza y lavad bien vuestra cara para que no vean los hombres que ayunáis y solo vuestro Padre que ve en lo secreto; y vuestro Padre, que ve en lo escondido, os lo recompensará (Mt. 6, 16-18)*. Está claro que en estos preceptos toda nuestra intención está dirigida a las alegrías interiores, para que no nos conformemos al mundo buscando en el exterior la recompensa, y perdamos la promesa de la bienaventuranza, tanto más segura y firme cuanto más interna, en virtud de la cual nos eligió Dios para llegar a ser conformes a la imagen de su Hijo.

41. En este apartado conviene tener en cuenta sobre todo que no solo en el brillo y pompa, sino también en el lastimoso desaliño, puede haber jactancia, que es tanto más peligrosa en cuanto que engaña con la apariencia de servir a Dios. Quien se distingue por el inmoderado cuidado de su cuerpo y vestido, o el esplendor de otras cosas, fácilmente es convencido por las mismas cosas de ser partidario de las pompas del mundo y no engaña a nadie con una imagen aparente de santidad. Sin embargo, si alguien, en la profesión de cristiano, hace que se fijen en él las miradas de los hombres con el extraordinario desaseo y miseria, si lo hace voluntariamente y no por necesidad, por sus otras obras puede conjeturarse, si lo hace por menosprecio del adorno superfluo o por alguna oculta ambición, dado que el Señor nos ha mandado que nos guardemos de los lobos con piel de oveja: *Por sus frutos*, dice, *los conoceréis (Mt. 7, 16)*. Cuando en algunas pruebas se empezare a despojarles o a negarles aquellas mismas cosas que con este vestido habían conseguido o desean conseguir, entonces necesariamente aparecerá si es un lobo con piel de oveja o una oveja con la suya. Por tanto, el cristiano no debe llamar la atención con adornos superfluos, porque también los hipócritas muchas veces usurpan el traje modesto para engañar a los incautos; porque las ovejas no deben dejar sus pieles, aunque alguna vez los lobos se cubran con ella.

42. Se acostumbra a preguntar qué significan las palabras: *mas vosotros, cuando ayunéis, perfumad vuestra cabeza y lavad vuestros rostros, para que no conozcan los hombres que ayunáis (Mt. 6, 17-18).* En efecto, nadie nos prescribirá rectamente, aunque nos lavemos por costumbre todos los días, que debemos tener perfumada la cabeza cuando ayunamos. Y aunque esto todos lo consideren como algo indecoroso, sin embargo, debemos entender que el precepto de perfumar la cabeza y lavar la cara se refiere al hombre interior. De hecho, el perfumarse la cabeza se refiere a la alegría interior y el lavarse la cara a la limpieza interior; y, por tanto, se unge la cabeza quien se alegra interiormente con el espíritu y la razón. Se entiende convenientemente por cabeza la facultad que domina el alma, con la cual se entiende que las otras facultades son orientadas y dirigidas. Esto es lo que hace quien no busca la alegría externa, a fin de no gozar carnalmente de las alabanzas de la gente. Pues la carne, que debe ser sometida, de ninguna manera es la cabeza de toda la naturaleza humana. Ciertamente, nadie ha odiado su propia carne (Ef. 5, 29), como dice el Apóstol, cuando prescribe el amor que se debe a la esposa; sino que la cabeza de la mujer es el hombre y Cristo es cabeza del varón (1Cor. 11, 3). En consecuencia, quien quiera tener perfumada la cabeza, según este precepto, se regocija interiormente en su ayuno, y por eso mismo, ayunando de esta manera, se aparta de los placeres del siglo para someterse a Cristo. Así también lavará la cara, es decir, purificará su corazón, con el cual podrá ver a Dios, sin el obstáculo del velo producido por la flaqueza del pecado, sino con firmeza y estabilidad, ya que estará limpio y unificado. *Lavaos y purificaos, dice Isaías; alejad la maldad de vuestra conciencia y de mi vista (Is. 1, 16).* Se debe lavar vuestra cara de los pecados que ofenden la mirada de Dios. *Nosotros, contemplando a cara descubierta, como en un espejo, la gloria de Dios, seremos transformados en la misma imagen (1Cor. 3, 18).*

43. Con frecuencia, incluso el pensamiento de las necesidades propias de esta vida temporal ofende y mancha el ojo interior y la mayor parte de las veces causa doblez en nuestro corazón, de suerte que aquellas cosas que parecen hacernos bien a favor de los hombres, no las hacemos con el corazón que Dios ha querido, es decir, no las hacemos porque les amamos, sino porque queremos conseguir a través de ellos algo provechoso como necesario para la vida presente. Debemos hacerles el bien por su eterna salvación y no para nuestro provecho personal. *¡Que Dios oriente nuestro corazón a sus enseñanzas y no a la codicia! (Sal. 118, 36) El fin del precepto es la caridad que proviene de un corazón puro, de una buena conciencia y de una fe no fingida (1Tm. 1, 5).* Aquel, pues, que auxilia a su hermano con miras a sus necesidades materiales, ciertamente no lo ayuda por caridad, porque no le ama como a sí mismo, sino que se ayuda a sí mismo, o mejor, ni siquiera a sí mismo, ya que se hace a sí mismo un corazón doble, que le impide ver a Dios, en cuya visión está la felicidad cierta y duradera.

CAPÍTULO XIII

44. Quien insiste en la necesidad de purificar el corazón, continúa y ordena diciendo: *No acumuléis tesoros en la tierra, donde el orín y la polilla los consumen y donde los ladrones asesinan y roban; atesorad, más bien, tesoros en el cielo, donde ni el orín ni la polilla los consumen y donde los ladrones no asesinan ni roban. En efecto, donde está tu tesoro, allí estará tu corazón (Mt. 6, 19-21).* De donde se sigue que, si el corazón está en la tierra, es decir, si alguien actúa con el fin de conseguir bienes terrenos, ¿cómo podrá estar limpio lo que se mezcla con la tierra? Pero si actúa en el cielo, estará limpio, ya que todos los seres del cielo son limpios. Se envilece una cosa cuando se mezcla con otra de naturaleza inferior, aunque de por sí no sea vil, porque incluso también el oro degenera mezclado con la pura plata. Así también nuestra alma se envilece con el deseo de las cosas terrenas, aunque la tierra sea limpia en su género y en su rango. En este contexto, no se entiende el cielo corpóreo, ya que todo cuerpo debe considerarse como tierra. En efecto, debe despreciar al mundo entero todo aquel que desea atesorar para sí en el cielo, en el cielo del que se dijo de él: *El cielo de los cielos pertenece al Señor (Sal. 113, 16)*, es decir, el firmamento espiritual. No debemos colocar nuestro tesoro en lo que pasa, sino en aquello que siempre permanece: *porque el cielo y la tierra pasarán (Mt. 24, 35).*

45. Aquí manifiesta el Señor que todo lo preceptuado va dirigido a la limpieza del corazón, cuando dice: *antorcha de tu cuerpo son tus ojos. Si tu ojo fuese sencillo, todo tu cuerpo estará iluminado. Mas, si tu ojo está enfermo, todo tu cuerpo estará en las tinieblas. Y si la luz que está en ti es tiniebla, ¿cuán grandes serán las tinieblas? (Mt. 6, 22-23)* Esto se debe interpretar de tal manera que podamos comprender que todas nuestras acciones son honestas y agradables en la presencia del Señor si han sido realizadas con un corazón sencillo, es decir, con la intención dirigida hacia el fin superior que es la caridad, *dado que la plenitud de la ley es la caridad (Rm. 13, 10).* En este paso debemos entender por ojo la misma intención con la que hacemos aquello que hacemos. Si ella es pura y recta y dirigida a conseguir el fin que se debe conseguir, todas aquellas obras que realicemos en conformidad con ella serán necesariamente buenas. Todas estas obras las llamó *todo el cuerpo*, en el sentido en el cual el Apóstol afirma ser miembros nuestros ciertas acciones que él condena y que manda mortificar cuando dice: *Mortificad vuestros miembros terrenos: la fornicación, la impureza, la avaricia (Col. 3, 5)* y otros semejantes.

46. Por consiguiente, no se debe considerar la acción que se realiza, sino la intención con la que se realiza. Esto es en verdad la luz que hay en nosotros, porque ella nos revela que cumplimos con buena intención aquello que realizamos: *Ya que todo lo que se manifiesta es luz (Ef. 5, 13)*. En efecto, todas las acciones que se dirigen a la sociedad humana tienen un origen incierto y el Señor las ha llamado tinieblas. Porque cuando doy limosna a un pobre que me la pide, no sé qué hará con ella o qué padecerá con ella; pues puede suceder que abuse de ella o que con ella le acontezca alguna cosa mala, que yo, al dársela, ni quería que sucediese ni se la hubiese dado con esa intención. Por consiguiente, si he cumplido con recta intención una acción que, mientras la cumplía, me era conocida y, por tanto, se consideraba como luz, incluso mi acción está iluminada, sea el que sea su resultado. A este resultado, dado que es incierto y desconocido, se le llama tinieblas. Y si lo he realizado con mala intención, hasta la misma luz es considerada tinieblas. En efecto, se llama luz, porque cada uno sabe con qué intención obra, aunque se haga con mala intención. Sin embargo, la misma luz es tinieblas, porque la intención unificada no se dirige hacia lo alto, sino que deriva hacia lo bajo y con la doblez del corazón produce una especie de oscuridad. *Pues si la luz que hay en ti es tiniebla, ¿cuán grandes serán las tinieblas? (Mt. 6, 23)* Es decir, si la misma intención del corazón, por la que haces lo que haces, te es conocida, se mancha y ciega con el apetito de las cosas terrenas y temporales, ¿cuánto más impura y tenebrosa será la misma acción, cuyo resultado se ignora? Porque, aun cuando aquello que hacéis con una intención que no es pura ni recta, fuese provechoso para alguno, te será imputado, no según el provecho que resultó, sino según la intención con que se obró.

CAPÍTULO XIV

47. El texto que sigue, dice: *Nadie puede servir a dos señores*, se refiere también a la susodicha intención, explicándolo en lo que sigue: *En efecto, u odiará a uno y amará al otro, o soportará a uno y despreciará al otro (Mt. 6, 24)*. Son palabras que se deben examinar atentamente. Después indica quiénes son estos dos señores, diciendo: *No podéis servir a Dios y a las riquezas. Mammona* en hebreo se dice de las riquezas. Corresponde también con el nombre púnico, ya que la ganancia en cartaginés se dice *mammon*. Sin embargo, el que sirve a las riquezas, ciertamente sirve a aquel que, puesto en castigo de su perversidad a la cabeza de estas cosas terrenas, es calificado por el Señor príncipe de este siglo (Jn. 12, 31; 14, 30). Como consecuencia, *el hombre odiará a éste y amará al otro*, es decir a Dios, *o soportará al uno y despreciará al otro*. Quien sirve a las riquezas se somete a un señor duro y funesto; en efecto, amarrado por la propia pasión, está sometido al diablo y no le ama, porque ¿quién puede amar al diablo?, y, sin embargo, le soporta. Al igual que en un gran palacio, uno que se ha unido a la esclava de otro, tolera, por su pasión, una dura esclavitud, aunque no ame a aquel cuya esclava ama.

48. *Despreciará al otro*, ha dicho el Señor, no dice le odiará. Nadie puede en conciencia odiar a Dios; sin embargo, alguno le desprecia, es decir, no le teme, como que está seguro de su bondad. De esta negligencia y perniciosa seguridad le disuade el Espíritu Santo, cuando dice por medio del profeta: *Hijo, no añadas pecado sobre pecado ni digas: La misericordia de Dios es grande, ignorando que la paciencia de Dios te invita a la penitencia (Si. 5, 5-6; Rm. 2, 4)*. ¿De quién se puede uno imaginar que sea tan grande la misericordia, como la de aquél que perdona todos los pecados a aquellos que se convierten y hace al acebuche partícipe de la untuosidad del olivo? ¿Y de quién es tan grande la severidad, sino la de aquel que no perdonó a las ramas naturales, sino que las cortó por causa de su infidelidad? (Rm. 11, 17-20) Pero quien quiere amar a Dios y quiere evitar ofenderlo, no juzgue que puede servir a dos señores y preserve la recta intención de su corazón de toda duplicidad; así sentirá bien de Dios y le buscará con sencillez de corazón (Sab. 1, 1).

CAPÍTULO XV

49. Por tanto, continúa el Señor, *yo os digo que no os acongojéis por la preocupación de qué comeréis, ni por vuestro cuerpo con qué os vestiréis (Mt. 6, 25)*, a fin de que, aunque ya no busquéis las cosas superfluas, se duplique el corazón con estas necesarias y que nuestra intención se pervierta al conseguir éstas, cuando hagamos, al parecer, obras de misericordia, esto es para que, cuando parece que queremos ayudar a alguien, atendamos más a nuestro provecho que a la utilidad del prójimo, y por tanto que no nos parezca que pecamos, porque no queremos conseguir lo superfluo, sino lo necesario. Pues el Señor nos exhorta a recordar que Dios, por el hecho de habernos creado y formado de alma y cuerpo, nos ha dado mucho más de lo que es la comida y el vestido, ya que, en la preocupación por esas cosas, no desea que dupliquemos el corazón en la intención. *¿Por ventura*, continúa, *no vale más el alma que el alimento?*, para que entendáis que aquel que os dio la vida, os dará más fácilmente el alimento; *¿y el cuerpo que el vestido?*, es decir, que más aventajado el cuerpo, para que comprendáis igualmente que aquel que dio el cuerpo, mucho más fácilmente os otorgará el vestido.

50. En este momento se acostumbra a preguntar si este alimento se relaciona con el alma, ya que el alma es inmaterial y el alimento material. Sabemos, sin embargo, que en este caso la expresión alma es usada en lugar de la vida, y el alimento material es el sustento de la misma vida. Con este significado también se ha dicho: *Quien ama la propia vida, la perderá (Jn. 12, 25)*. Porque, si el alma no significara la vida presente, la cual hace falta perder para adquirir el reino de Dios, como es evidente que fue realizado en los mártires, habría contradicción con el otro pasaje que dice: *¿Qué le aprovechará al hombre ganar todo el mundo si pierde su alma? (Mt. 16, 26)*.

51. *Mirad los pájaros del cielo,* dice, *cómo no siembran, ni siegan ni tienen graneros, y vuestro Padre celestial los alimenta. Pues ¿no valéis vosotros mucho más, sin comparación, que ellos? (Mt. 6, 26)*, es decir, ¿no sois vosotros de mucho más valor? En efecto, sin duda el animal racional, como es el hombre, está constituido en un peldaño más alto que los animales irracionales, como son los pájaros. *¿Quién de vosotros,* dice, *puede añadir un codo a su estatura?; ¿por qué estáis preocupados por el alimento? (Mt. 6, 27-28)*; es decir, vuestro cuerpo puede ser revestido por la providencia de quien por su poder absoluto ha conseguido que llegase a la estatura actual. Pero no ha sido obra de vuestro cuidado el que vuestro cuerpo llegara a la presente estatura, de lo cual puede comprenderse que, por mucha diligencia que pongáis y por mucho que deseéis añadir un codo a vuestra estatura, no podéis realizarlo. Dejad, pues, a él también la preocupación de cubrir el cuerpo, ya que os habéis dado cuenta que por su preocupación ha sucedido haber llegado a la estatura que tenéis.

52. También se debía dar alguna enseñanza en torno al vestido, al igual que fue dado sobre el alimento. Así sigue y dice: *Observad cómo crecen los lirios del campo; no trabajan ni hilan. Pero yo os digo que ni Salomón, con todo su fasto, se vestía como ellos. Ahora bien, si Dios viste así a la hierba del campo, que hoy es y mañana es arrojada al fuego, ¿cuánto mejor os vestirá el Señor, hombres de poca fe? (Mt. 6, 28-30)* Estas enseñanzas no deben ser tratadas como si fuesen alegorías, preguntándonos qué significan las aves del cielo y los lirios del campo: son presentadas a fin de que del valor de las cosas inferiores nos persuadamos de la importancia de las mayores. Parecido es el caso del juez, que no temía ni a Dios ni respetaba al hombre, y sin embargo se replegó ante la viuda que le suplicaba, para que considerara su causa, y esto no por piedad o humanidad, sino para que no le siguiese molestando (Lc. 18, 2-5). De ninguna manera aquel juez injusto representa a la persona de Dios, sino que el Señor quiso que se sacase la conclusión de qué modo Dios, que es bueno y justo, trata con amor a aquellos que le suplican, ya que un hombre injusto, aunque solo fuera por evitar la molestia, no puede tratar con indiferencia a aquellos que le molestan con continuas súplicas.

CAPÍTULO XVI

53. *Por tanto: No os afanéis diciendo: ¿Qué comeremos o qué beberemos, o con qué nos vestiremos? De todo esto se preocupan los paganos; vuestro Padre celestial sabe qué necesidades tenéis. Buscad primero el reino de Dios y su justicia y todas estas cosas se os darán por añadidura (Mt. 6, 31-33).* Con estas palabras manifiesta de forma clara que estas cosas, que son necesarias, no se deben desear como bienes de tal valor que, a la hora de realizar cualquier acción, debemos considerarlas como fin en sí mismas. La diferencia que se da entre un bien, que se debe apetecer como fin, y una cosa necesaria, que se debe usar, lo ha declarado con esta máxima, cuando dice: *Buscad primero el reino de Dios y su justicia, y todo lo demás se os dará por añadidura*. En efecto, el reino y la justicia de Dios son nuestro bien y eso se debe considerar y asignar como fin por el cual hacer todo aquello que hagamos. Pero dado que somos como soldados de viaje en esta vida para poder llegar a ese reino, una tal vida no se puede conseguir sin estas cosas necesarias: *Se os añadirán todas estas cosas, dijo, sin embargo vosotros buscad primero el reino de Dios y su justicia*. Puesto que ha dicho lo primero, quiso dar a entender que lo necesario hay que buscarlo después, no en el tiempo, sino en valor; aquello como nuestro bien y esto como algo que nos es necesario, pero necesario para conseguir el otro bien.

54. Así pues, nosotros, por ejemplo, no debemos evangelizar para comer, sino comer para evangelizar. En efecto, si evangelizamos para comer, manifestamos menor aprecio al Evangelio que a la comida y será nuestro bien el comer y la necesidad el evangelizar. Esto lo prohíbe también el Apóstol, cuando dice que le es lícito y permitido por el Señor, que aquellos que anuncian el Evangelio, vivan del Evangelio, es decir, que tengan del Evangelio lo necesario para la vida, pero que él no se ha aprovechado de esta potestad (1Cor. 9, 12-14). Había muchos que deseaban tener la ocasión de adquirir y negociar con el Evangelio, a quienes el Apóstol, queriendo impedírselo, les dice que se ganaba su comida con sus propias manos (Hch. 20, 34). De éstos dice en otro lugar: *Para cortar la ocasión a aquellos que la buscan (2Cor. 11, 12)*. Incluso si, como los otros buenos apóstoles, él con el permiso del Señor hubiese conseguido la comida a través del Evangelio, no habría establecido el fin de la predicación del Evangelio en la comida, más bien habría colocado en el Evangelio el fin de la propia comida; es decir, como había dicho antes, no habría predicado el Evangelio para ganar la comida y las otras cosas necesarias para la vida, sino que hubiera tomado éstas para llevar a cabo aquello, a fin de evangelizar por propia voluntad y no por necesidad. Lo mismo desaprueba cuando dijo: *¿No sabéis que los que sirven en el templo se mantienen de lo que es del templo y que los que sirven al altar participan de las ofrendas? Así también dejó el Señor ordenado que los que predican el Evangelio vivan del Evangelio. Mas yo de ninguna de estas cosas me he valido (1Cor. 9, 13-14)*. Con estas palabras demuestra que es una concesión, no un mandato; de otra manera parecerá que ha actuado contra el mandato del Señor. Sigue después diciendo: *Ni ahora escribo esto para que así se haga conmigo, porque tengo por mejor el morir que el que alguno me haga perder esta gloria (1Cor. 9, 15)*. Esto lo dijo, porque había determinado ganar el alimento con las propias manos, por algunos que buscaban un pretexto (2Cor. 11, 12). Y continúa: *En efecto, no es para mí ocasión de gloria el predicar el Evangelio (1Cor. 9, 16)*, es decir, si predicare el Evangelio a fin de que acontezcan en mí estas cosas; o sea: si predicase el Evangelio precisamente para conseguir todas esas cosas y colocar el fin del Evangelio en la comida, la bebida y el vestido. Pero ¿por qué carece de gloria? *Porque estoy*, añade, *por necesidad obligado a ello*; es decir, que el motivo de evangelizar es porque no tengo de qué vivir o por sacar algún fruto temporal de la predicación de las verdades eternas. De esta forma, la predicación del Evangelio será por necesidad, no por libre aceptación. Y añade: *¡Ay de mí si no evangelizare! (1Cor. 9, 16)* Pero ¿cómo se debe predicar el Evangelio? Ciertamente buscando la recompensa en el mismo Evangelio y en el reino de Dios; así se puede predicar el Evangelio no por coacción, sino en libre elección. *Si lo hago por libre elección, tengo recompensa; pero si lo hago por la fuerza, es administración que me ha sido encargada (1Cor. 9, 17)*; es decir, si predico el Evangelio obligado por la falta de cosas necesarias para la vida física, otros tendrán por mi medio la recompensa del Evangelio, porque con mi predicación amarán el Evangelio; mas yo no lo tendré, porque no amo al mismo Evangelio, sino su recompensa centrada en las necesidades temporales. Ahora bien, es una obra perversa el que alguien anuncie el Evangelio no como un hijo, sino como un esclavo, a quien se le ha encomendado su administración, repartiéndolo como un bien ajeno, sin percibir él mismo de ello otra cosa fuera de los alimentos, que se da a los extraños, no como participación en el reino, sino para el mantenimiento de la mísera esclavitud. Aunque en otro lugar el mismo Apóstol se llame dispensador (1Cor. 4, 1). Efecto, incluso el esclavo, adoptado en el número de los hijos, puede administrar fielmente a sus copartícipes aquello en que mereció la calidad de coheredero. Pero ahora cuando dice: *Mas si lo hago por fuerza, no hago más que cumplir el encargo que se me ha dado (1Cor. 4, 2)*, quiso que se entendiese aquella especie de dispensador que distribuye el bien ajeno, sin percibir él mismo nada.

55. Así pues, cualquier cosa que se busca en relación a otra es sin duda inferior a aquello por lo que se busca. Y por tanto lo primero es por lo que buscas esta otra y no aquella que buscas por ésta. Por consiguiente, si buscamos el Evangelio y el reino de Dios por el alimento, colocamos en primer lugar el alimento y después el reino de Dios; de tal manera que si no falta el alimento, no buscamos el reino de Dios. Esto es buscar primero el alimento y después el reino de Dios, es decir, dar preferencia a aquello y después a esto otro. Sin embargo, si buscamos el alimento para tener el reino de Dios, observamos la máxima que dice: *Buscad primero el reino y la justicia de Dios, y todo lo demás se os dará por añadidura (Mt. 6, 33)*.

CAPÍTULO XVII

56. Si buscamos primero el reino y la justicia de Dios, es decir, si lo anteponemos a las otras cosas, de tal manera que las buscamos por ellos, no debemos tener preocupación de que nos falte lo necesario para esta vida en relación al reino de Dios. Pues dijo más arriba: *Sabe vuestro Padre celestial que necesitáis de todas estas cosas.* Y después de haber dicho: *Buscad en primer lugar el reino* y la justicia de Dios, no ha añadido el que haya que buscar después estas otras, aunque sean necesarias, sino que *todas estas cosas os serán dadas por añadidura (Mt. 6, 32-33)*, o sea, si buscáis las cosas de Dios, las otras vendrán seguidamente sin dificultad por vuestra parte, a fin de que, mientras buscáis las cosas de la tierra, no os distraigáis de las otras, o para que no constituyáis dos fines, con el fin de que no deseéis el reino de Dios por sí mismo y las cosas necesarias, sino que al buscar estas cosas, lo hagáis por el reino de Dios. De esta manera, no os faltarán, porque no podéis servir a dos señores (Mt. 6, 24). Intenta servir a dos señores quien desea el reino de Dios y las cosas del tiempo como un gran bien. No podrá tener una mirada serena y servir a un solo Dios si no valora todas las otras cosas, para ver si son necesarias en relación con esto, es decir, con el reino de los cielos. Lo mismo que todos los soldados reciben el alimento y el sueldo, así también todos los evangelizadores reciben el alimento y el vestido. Pero no todos los soldados luchan por la salvación de la república, sino por lo que reciben; así también no todos sirven a Dios por la salvación de la Iglesia, sino por estas cosas temporales, que consiguen como alimento y estipendio, o por una cosa y por la otra. Sin embargo, ya ha quedado indicado: *No podéis servir a dos señores*. Por consiguiente, debemos hacer el bien con corazón sincero a todos solo por el reino de los cielos y en el cumplir las buenas obras no esperar la recompensa de estas cosas temporales, o solo y junto con el reino de los cielos. Y al nombrar las cosas temporales hizo alusión al mañana diciendo: *No os afanéis por el día de mañana (Mt. 6, 34)*. No se puede indicar *el mañana* si no es en el tiempo, en el cual al pasado sigue el futuro. Por tanto, cuando cumplamos alguna buena obra, no pensemos en las cosas temporales, sino en las eternas. Entonces la acción será buena y perfecta. *El día de mañana*, dice, *tiene* *ya sus preocupaciones*, es decir, que toméis el alimento, la bebida y el vestido cuando convenga, a saber, cuando la necesidad lo haga sentir. Pues todas estas cosas aparecerán, ya que nuestro Padre sabe que tenemos necesidad de ellas (Mt. 6, 32). *Le basta a cada día su trabajo (Mt. 6, 34)*; es decir, es suficiente que al usar todas estas cosas se sienta la necesidad y mantengo que, precisamente por esto, se ha nombrado el trabajo, ya que para nosotros es una pena, dado que pertenece a esta fragilidad y mortalidad que hemos merecido al haber pecado. No queráis añadir algo más gravoso a la pena de la necesidad del tiempo, como será que, no solo sufráis la necesidad de estas cosas, sino también que sirváis a Dios al satisfacerla.

57. En este momento debemos guardarnos con gran cuidado, no sea que, cuando observamos que un siervo de Dios se preocupa en que no le falten estas cosas necesarias ni para él ni para aquellos que le han sido asignados para su cuidado, juzguemos que lo hace contra el precepto del Señor y que está muy preocupado por el día de mañana. El mismo Señor, a quien le servían los ángeles (Mt. 4, 11), a título de ejemplo, a fin de que nadie posteriormente se escandalizare, después de haber encargado a alguno de los suyos de proveer de lo necesario, se dignó tener la bolsa con el dinero, de donde proveyese lo que hiciera falta para las cosas necesarias. De esta bolsa fue guardián y ladrón Judas el que le entregó, como se encuentra en la Escritura (Jn. 12, 6). También en Pablo el apóstol se puede observar que se preocupó del día de mañana, cuando dice: *En cuanto a las limosnas que se recogen para los santos, practicadlo en la misma forma que yo he ordenado a las iglesias de Galacia. El primer día de la semana, cada uno de vosotros ponga aparte y deposite aquello que le dicte su buena voluntad, a fin de que no se hagan las colectas al mismo tiempo de mi llegada. En cuanto llegue, aquello que tengáis a bien lo enviaré yo con cartas para llevar vuestro obsequio a Jerusalén. Y si pareciese bien que también vaya yo, irán conmigo. Yo iré hacia vosotros después de atravesar Macedonia, pues tengo el propósito de pasar por Macedonia, y podría ser que me detuviese entre vosotros y aun que pasara ahí el invierno, para que luego me encaminéis adonde fuere. No quiero ahora veros de paso; espero más bien permanecer algún*

tiempo entre vosotros, si el Señor lo permitiere. Me quedaré en Éfeso hasta Pentecostés (1Cor. 16, 1-8). También en los Hechos de los Apóstoles se escribió que las cosas necesarias para la comida se procuraran para el futuro en previsión de una inminente hambruna. Pues así podemos leer: *Por aquellos días bajaron de Jerusalén a Antioquía profetas y levantándose uno de ellos, de nombre Agabo, vaticinaba por el Espíritu una gran hambre que había de venir sobre toda la tierra y que vino bajo Claudio. Los discípulos resolvieron enviar socorros a los hermanos que habitaban en Judea, cada uno según sus facultades, y lo hicieron, enviándoselo a los ancianos por medio de Bernabé y Saulo* (Hch. 11, 27-30). Y cuando al navegar el mismo Apóstol fueron embarcadas las provisiones ofrecidas, parece ser que no se procuró este alimento para un solo día (Hch. 28, 10). También él mismo escribe: *Quien robaba, que no robe más; antes bien afánese trabajando con sus propias manos en algo de provecho de que poder dar al que tiene necesidad (Ef. 4, 28).* Para aquellos que no entienden parece que es contrario al mandamiento del Señor que dice: *Mirad las aves del cielo cómo no siembran, ni siegan, ni tienen graneros (Mt. 6, 26); y contemplad los lirios del campo cómo crecen, ellos no trabajan, ni hilan (Mt. 6, 28),* siendo así que el Apóstol mandó a estos fieles que trabajasen con sus manos, de tal manera que tengan con qué ayudar a otros. No parece, pues, que haya imitado a los pájaros del cielo y a los lirios del campo, ya que afirma con frecuencia de él mismo que ha trabajado con sus propias manos (Hch.20, 34), para no ser gravoso a nadie (1Ts. 2, 9); y a su vez de él se ha escrito que se asoció a Aquila para un trabajo en común del cual sacar la comida (Hch. 18, 2-3). De estos y otros testimonios de la Escritura parece evidente que Nuestro Señor no desaprueba esto, si alguno consigue la comida según la costumbre humana y sigue al servicio de Dios, aunque en la propia actividad no se tenga en cuenta el reino de Dios, sino la consecución de estas cosas.

58. Toda esta normativa se reduce a este principio: que incluso en el aprovisionamiento de las cosas necesarias se tenga siempre presente el reino de Dios, pero que en el servicio del reino de Dios no pensemos en estas cosas. De tal manera que, aunque alguna vez faltasen, y con frecuencia lo permite Dios para ponernos a prueba, no solo no debilitan nuestro propósito, sino que lo confirman, porque está examinado y probado. *Nos gloriamos, pues, en las tribulaciones, sabiendo que la tribulación ejercita la paciencia, la paciencia sirve a la prueba de nuestra fe y la prueba produce la esperanza; la esperanza que no defrauda, porque la caridad de Dios ha sido derramada en nuestros corazones por medio del Espíritu Santo que se nos ha dado (Rm. 5, 3-5).* En el recuerdo de sus tribulaciones y trabajos, el Apóstol recuerda de haber sufrido no solo cárceles y naufragios y otras aflicciones del mismo género, sino también hambre, sed y frío y falta de vestidos (2Cor. 23-27) Cuando leemos estos hechos, no pensemos que las promesas del Señor han flaqueado para que el Apóstol sufriese hambre, sed y desnudez, buscando el reino de Dios y su justicia, ya que se nos ha dicho: *Buscad primero la justicia y el reino de Dios y todas estas cosas se os darán por añadidura (Mt. 6, 33).* En efecto, nuestro médico considera todo esto como remedios, porque de una vez para siempre hemos confiado plenamente en él y de él tenemos la garantía de la vida presente y futura, sabe cuándo debe dárnoslos y cuándo retirarlos según juzga que nos conviene. Así, él nos guía y dirige para confortarnos y ejercitarnos en esta vida y para establecernos y afirmarnos después de esta vida en el descanso eterno. También el hombre, cuando retira el alimento a la bestia de carga, no la priva de su cuidado, sino que hace esto principalmente para sanarla.

CAPÍTULO XVIII

59. Además, como todas estas cosas se procuran para el futuro o al reservarlas, si no hay motivo para consumirlas, no se sabe con qué intención se actúa, ya que se puede hacer con simplicidad de corazón o con doblez, oportunamente añadió aquí el Señor: *No juzguéis a los demás si no queréis ser juzgados, porque con el mismo juicio que juzgareis, seréis juzgados, y con la misma medida con que midiereis, seréis medidos (Mt. 7, 1-2)*. Opino que en este pasaje se nos invita a interpretar aquellos hechos, de los que se duda con qué intención se realizan, de la manera más positiva posible. Ya que la frase: *Por sus frutos los conoceréis (Mt. 7, 16)*, se refiere a los hechos manifiestos que no pueden ser realizados con buena intención, como son los estupros, las blasfemias, los hurtos, las borracheras y otros, sobre los cuales se nos permite juzgar, ya que dice el Apóstol: *¿acaso podría yo juzgar a los que están fuera?; ¿no son los que están dentro a los que juzgáis? (1Cor. 5,12)* Y en lo referente a la clase de comidas, ya que se pueden usar de manera indiferente con buena intención, con simplicidad de corazón, y sin vicio de concupiscencia, de toda alimentación propia del hombre, el Apóstol prohíbe que se juzgue a quienes se alimentaban de carne y bebían vino, por parte de aquellos que se moderaban en el uso de tales alimentos. *Quien coma, dice, que no desprecie al que se abstiene; y el que no coma, no juzgue al que come. Y también dice ahí: ¿Quién eres tú para juzgar al que es siervo de otro?; Si se mantiene firme o cae, esto pertenece a su amo (Rm. 14, 3-4)*. Acerca de las diversas maneras de actuar, que pueden realizarse con buena intención, sencilla y elevada, o también con una intención dañada, los romanos deseaban, siendo hombres, dar su parecer sobre las intenciones ocultas del corazón, de las cuales solo Dios puede juzgar.

60. También a este mismo tema se refiere el Apóstol en otro paso, donde dice: *No juzguéis antes de tiempo, hasta que venga el Señor e ilumine lo escondido de las tinieblas y manifestará las intenciones del corazón, y entonces cada uno será alabado de Dios (1Cor. 4, 5)*. Hay ciertas acciones indiferentes, que ignoramos con qué intención se han realizado, dado que pueden ser hechas con buena o mala intención y de las cuales es temerario juzgar, y menos todavía para que las condenemos. Ya llegará el tiempo en que puedan ser juzgadas, cuando *el Señor iluminará los secretos de las tinieblas* y manifestará las intenciones de los corazones. Y lo mismo dice el Apóstol en otro lugar: *De ciertas personas los pecados son manifiestos antes de que preceda el juicio, de otros se manifiestan después de él (1Tm. 5, 24)*. Se consideran manifiestos los pecados de quienes se sabe con qué intención se realizan; ésos preceden al juicio, es decir, que si el juicio se hiciere después, este juicio no sería temerario. Le siguen aquellos que son ocultos, y ni éstos quedarán escondidos a su hora. Esto mismo se debe pensar de las buenas obras. Y así puede añadir: *De igual modo serán manifiestas las buenas obras; y las que no son tales no podrán permanecer escondidas (1Tm. 5, 25)*. Juzguemos, pues, solo de las obras que son manifiestas; de las escondidas dejemos el juicio a Dios, ya que incluso ésas, sean buenas o malas, no pueden permanecer escondidas cuando llegue el tiempo en que se hagan manifiestas.

61. Hay dos casos en los cuales debemos prestar atención al juicio temerario: Cuando es incierto con qué intención se ha realizado un hecho o cuando también es incierto qué llegará a ser el que ahora parece malo o bueno. Por ejemplo, si alguien que se queja del estómago, no ha querido ayunar, y tú, no creyéndole, lo atribuyeres al vicio de la glotonería, harás un juicio temerario. Igualmente, si conocieres de forma manifiesta su glotonería y embriaguez y le reprendieres, como si nunca pudiese corregirse o cambiar, también le juzgarás temerariamente. Por tanto, no reprendamos aquello que no sabemos con qué intención se está realizando; ni de tal manera reprendamos lo que es tan manifiesto, que desesperemos que pueda sanar y así evitaremos el juicio que ahora nos dice: *No juzguéis y no seréis juzgados (Mt. 7, 1)*.

62. Pueden extrañar estas palabras: *En efecto, con el juicio con que juzguéis, se os juzgará; y con la medida que midiereis, seréis medidos (Mt. 7, 2)*. Acaso, si nosotros hemos juzgado con juicio temerario, ¿no nos juzgará Dios también temerariamente? O quizás si hemos juzgado con injusta medida, ¿tendrá también Dios una medida injusta para medirnos? Pienso que el mismo juicio se significa con el nombre de medida. Dios no juzga temerariamente de manera alguna, ni mide con medida injusta a nadie. Esto se ha dicho porque es inevitable que la temeridad con que condenas a alguien te condene a ti también. A menos que uno se imagine que la injusticia daña algo a aquel contra quien se dirige y nada a aquel de quien procede; sino lo contrario, no daña con frecuencia a quien sufre el ultraje y daña inevitablemente a quien lo hace. ¿Qué mal causó a los mártires la iniquidad de los perseguidores? A los perseguidores, sin embargo, muchísimo. Y si es cierto que algunos de ellos se han convertido, todavía durante el tiempo que perseguían, les cegaba la propia perversidad. De la misma manera, un juicio temerario con frecuencia no daña a aquel que es juzgado con temeridad, pero la misma temeridad daña a quien juzga con temeridad. En este mismo sentido juzgo que se dijeron las siguientes palabras: *Todo el que hiere con espada, a espada morirá (Mt. 26, 52)* Sin embargo, hay muchos que hieren a espada y no han muerto con la espada, ni el mismo Pedro. Sin embargo, alguno podría pensar que, en virtud del mérito del perdón de los pecados, él huyó de tal pena, aunque nada más absurdo se pensaría: el que podría ser más grave la pena de la espada que no tocó a Pedro que la de la cruz que tuvo que soportar. Pero ¿qué dirá de los ladrones que fueron crucificados con el Señor, dado que aquel que mereció el perdón, lo mereció después de haber sido crucificado y el otro ni siquiera lo mereció? (Lc. 23, 33-43)¿Acaso éstos habían crucificado a todos aquellos a quienes hubieran asesinado y por este motivo merecieron ellos sufrir el mismo suplicio? Es ridículo pensar esto. ¿Qué significan, pues, estas palabras: *Todo el que hiere con espada, morirá a espada*, sino que cualquier pecado que el alma cometa, con el mismo pecado morirá?

CAPÍTULO XIX

63. El Señor nos amonesta aquí sobre el juicio temerario y ofensivo, porque quiere que hagamos todo lo que tenemos que hacer con un corazón sencillo y dirigido solo a Dios; se dan muchas acciones en que es incierta la intención con que se realizan y es temerario el juzgarlas, y juzgan temerariamente de las cosas dudosas y las reprenden principalmente aquellos que aman más censurar y condenar que enmendar y corregir, lo cual es vicio de soberbia y de envidia; convenientemente añadió el Señor: *¿Por qué ves la paja en el ojo de tu hermano y no ves la viga en el tuyo? (Mt. 7, 3)*; cómo es, por ejemplo, que él ha pecado de ira y tú le críticas con odio, pues tanta distancia hay entre la cólera y el odio como entre la paja y la viga. El odio es, pues, la ira inveterada y, por así decir, ha recibido tanta fuerza por la duración prolongada, que con razón se le llama viga. Puede acontecer que, si te irritas contra algún hombre, quieras que se corrija; sin embargo, si lo odiaras, no es cierto que quieras que se corrija.

64. *¿Cómo puedes decir a tu hermano: Permíteme sacarte la paja de tu ojo, mientras tú mismo tienes una viga en tu ojo? Hipócrita, quita en primer lugar la vida de tu ojo y después verás cómo puedes sacar la paja del ojo de tu hermano (Mt. 7, 4-5)*; es decir, quita en primer lugar el odio de ti mismo y después podrás corregir a aquel que amas. Ha dicho bien, ¡Hipócrita! Reprender los vicios es misión de los hombres buenos y benévolos; pero, cuando esto lo hacen los malos, usurpan una representación ajena, como los hipócritas, que ocultan bajo la careta lo que son, y muestran un personaje que no son. Por tanto, bajo el apelativo de hipócritas se entienden los simuladores. Es verdaderamente terrible y molesto este género de farsantes que, al tomar con odio y malignidad la acusación de todos los vicios, quieren aparecer como consejeros. Se debe estar atento con piedad y prudencia, de tal forma que, cuando la necesidad obligue a reprender o a castigar a alguno, pensemos en primer lugar si acaso es tal el vicio que nunca lo hemos tenido nosotros, o si ya nos hemos librado de él. Si nunca lo tuvimos, pensemos que también nosotros somos hombres y lo pudimos tener; si lo tuvimos, pero ya no lo tenemos, acordémonos con indulgencia de la común debilidad, a fin de que a la represión o al castigo le preceda no el odio, sino la misericordia, de tal manera que, bien sea que sirva lo que hacemos para la corrección o sea que se pervierta más -ya que el éxito es incierto-, estemos seguros de la sencillez de nuestro ojo o rectitud de la intención. Y si, reflexionando, nos encontráramos nosotros mismos en el mismo vicio en el que se encuentra aquel a quien estamos dispuestos a reprender, no lo hagamos, ni le castiguemos, sino que gimamos con el culpable e invitémosle no a ceder a nuestras amonestaciones, sino a intentar juntos la superación.

65. Así pues, cuando el Apóstol dice: *Me he hecho judío con los judíos, para ganar a los judíos. Con los que viven bajo la ley me hago como si yo estuviera sometido a ella, no estándolo, para ganar a los que bajo ella están. Con los que están fuera de la ley me hago como si estuviera fuera de la ley, para ganarlos a ellos, no estando yo fuera de la ley de Dios, sino bajo la ley de Cristo. Me hago con los flacos, flaco, para ganar a los flacos. Me hago todo para todos, para salvarlos a todos (1Cor. 9, 20-22).* Ciertamente no hacía esta experiencia por fingimiento, según querrían interpretar algunos, que pretenden apoyar su detestable hipocresía con la autoridad de tal ejemplo, sino que él hacía esto por caridad, porque consideraba como propia la debilidad de quienes quería socorrer. Esto mismo decía él, prevenido: *Siendo del todo libre, me hago siervo de todos, para ganarlos a todos (1Cor. 9, 19).* Para que entiendas que no es por fingimiento, sino que lo hace por caridad, por la cual compadezcamos a los hombres débiles, como si fuésemos nosotros, aconseja también en otro lugar: *Vosotros, hermanos, habéis sido llamados a la libertad, pero cuidado con tomar la libertad por pretexto para servir a la carne, antes servíos unos a otros por caridad (Ga. 5, 13).* Y esto no se puede realizar si uno no considera como propia la debilidad del otro, para llevarla con ecuanimidad, hasta que no sea liberado de ella quien se preocupa de su salvación.

66. Por consiguiente, raramente y con grave necesidad se deben aplicar castigos, de tal manera que incluso en ellos mismos nos preocupemos de que se sirva a Dios y no a nosotros mismos. Él es el último fin, de tal manera que no hagamos nada con doblez de corazón, quitando de nuestro ojo la viga de la envidia, o de la malicia o el fingimiento, para poder quitar la paja del ojo del hermano. Porque veremos esa paja con los ojos de la paloma (Ct. 4, 1), con los ojos que son predicados de la esposa de Cristo, la Iglesia gloriosa que Dios escogió para sí, la cual no tiene mancha ni arruga, sino que es pura y sencilla (Ef. 5, 27).

CAPÍTULO XX

67. Pero como algunos, deseosos de obedecer los mandamientos divinos, pueden ser engañados por la palabra simplicidad, dado que juzguen ser una culpa el ocultar alguna vez la verdad, como también es una culpa decir alguna vez la falsedad y de este modo, manifestando cosas que a los que se les dice no pueden soportar, les dañan más que si las tuviesen siempre ocultas, rectamente añade el Señor: *No deis las cosas santas a los perros y no arrojéis vuestras margaritas a los puercos, para que no las pisen con sus patas, y se vuelvan y os despedacen (Mt. 7, 6)*. En efecto, el Señor, si nunca había mentido, parece ocultar algunas cosas verdaderas, cuando dice: *Todavía tengo muchas cosas que deciros, pero no podéis soportarlas por ahora (Jn. 16, 12)*. Y el apóstol Pablo dice también: *Yo no he podido hablaros como a hombres espirituales, sino como carnales. Como niños en Cristo os he dado de beber leche, no comida; no erais capaces, como tampoco ahora lo sois; pues todavía sois carnales (1Cor. 3, 1-2)*.

68. En este precepto en que se nos prohíbe dar lo santo a los perros y arrojar a los puercos las margaritas, se debe examinar atentamente qué significa una cosa santa, qué son las margaritas, que significan los perros y qué los puercos. Una cosa santa es la que no es posible violar y corromper. De este crimen se considera culpable el intentarlo y la voluntad de realizarlo, aunque la realidad santa se mantenga de por sí inviolable e incorruptible. Margaritas son consideradas todos los grandes valores espirituales; y dado que están escondidas en lugar oculto, se sacan como de un abismo profundo y se encuentran en las envolturas de las alegorías como en conchas abiertas. También se puede entender de esta forma: se puede considerar una misma y sola realidad una cosa santa y la perla, pero una cosa santa en el sentido que no se puede profanar y una margarita por el hecho que no debe despreciarse. Intenta uno profanar aquello que no quiere que permanezca en su integridad; desprecia uno aquello que tiene por vil y lo considera inferior a sí mismo y por esto se dice que es pisado lo que se desprecia. Por esto los perros se lanzan a despedazar y no dejan íntegro lo que desgarran, dice el Señor: *No deis lo santo a los perros*, porque aunque no se puede despedazar y profanar y al mismo tiempo permanecer íntegro e inviolable, se debe reflexionar qué pretenden los que se oponen con encarnizada enemistad y en cuanto está de su parte, si fuese posible, intentan destruir la verdad. Sin embargo, los cerdos, aunque no les apetece morder como a los perros, ensucian pisando por todas partes. Por esto dice: *No arrojéis las margaritas a los puercos, a fin de que no las pisen con sus patas y se os vuelvan y os despedacen* (Mt. 7, 8). Juzgo que no es incongruente que los perros son los que impugnan la verdad y los puercos los que la desprecian.

69. Respecto a lo que dice: *se vuelvan contra vosotros y os despedacen*, no dice despedacen las mismas perlas. Pisando las mismas perlas, aunque se vuelvan, a fin de poder oír alguna cosa, sin embargo destrozan a aquel que les ha echado las perlas que han hollado. En verdad, no encontrarás con facilidad qué puede ser del agrado de quien ha pisado las perlas, es decir, que haya pisado las verdades divinas que con tanto esfuerzo se han conseguido. No veo la manera cómo quien las enseña no sea despedazado por la indignación y el disgusto. Uno y otro, el perro y el puerco, son animales inmundos. Hay que preocuparse de no revelar cosa alguna a quien no la acoge; es mejor que busque lo que está escondido que desprecie o corrompa lo que se le ha mostrado. No se encuentra otra razón por la cual no puedan ser acogidas las grandes verdades reveladas sino por el odio y el desprecio; por uno y por otro son llamados perros y cerdos respectivamente. Toda esta inmundicia se puede comprender por el amor a las cosas temporales, es decir, a través del amor a este mundo, al cual se nos añade que se debe renunciar a fin de poder llegar a estar limpios. Pues quien desea tener el corazón unificado y puro no se debe considerar culpable si mantiene en secreto una verdad que aquel a quien se la oculta no la puede entender. Y no por esto hay que pensar que es lícito mentir; pues no se sigue que quien oculta la verdad diga algo falso. Se debe conseguir en primer lugar quitar todos los impedimentos que impiden comprender; y si no lo recibe a causa de la inmundicia, se debe purificar a través de la palabra y de la acción, en cuanto nos sea posible.

70. Y dado que encontramos que Nuestro Señor Jesucristo ha dicho algunas verdades que muchos de los presentes, bien sea por ir en contra o bien por desprecio, no las acogieron, no se debe juzgar que dio algo santo a los perros o que arrojó las perlas a los cerdos, ya que él no se las dio a quienes no podían entender, sino a los que sí entendían y estaban presentes allí también, pues la impureza de los otros no era motivo para que éstos fueran abandonados; y cuando le preguntaban los que le querían poner a prueba y les respondía de tal manera que no podrían contradecirle, aunque ellos se consumían con sus venenos en vez de nutrirse con el alimento que les proporcionaba; otros, sin embargo, que podían comprender con ocasión de aquellos, oían muchas cosas que les eran útiles. He dicho esto con el fin de que si uno, por casualidad, no pudiera responder a quien le pregunte, no se excuse diciendo que no quiere dar las cosas santas a los perros, ni echar las perlas a los puercos. Quien sepa qué responder, debe hacerlo, al menos por los otros que se descorazonan, si llegan a persuadirse de que la cuestión propuesta no puede resolverse y esto tratándose de argumentos útiles y que se refieren al problema de la salvación. Hay, ciertamente, muchos argumentos que pueden ser motivo de discusión por parte de aquellos que no tienen otra preocupación, argumentos superfluos, inútiles, vanos, y muchas veces nocivos, sobre los cuales todavía se puede decir algo, pero se debe manifestar y explicar el motivo de por qué es conveniente cuestionarse. Sobre los temas importantes se debe responder alguna vez a quien pregunta, como hizo el Señor cuando los saduceos le preguntaron sobre la mujer que tuvo siete maridos y de quién de ellos sería mujer en la resurrección. Él les contestó que en la resurrección ni se casan, ni toman mujer, sino que serán como ángeles en el cielo (Mt. 22, 23-30; Mc. 12, 25; Lc. 20, 35). En alguna ocasión, aquel que pregunta se debe preguntar sobre otro tema, y si lo expone, él mismo se responda a sí mismo sobre lo que se ha preguntado y si no quiere exponerlo, no le parezca injusto a los presentes si no tiene una respuesta sobre lo que se ha preguntado. En efecto, aquellos que preguntaron para poner a prueba si se debía dar el tributo, él les preguntó también sobre otro tema, a saber, sobre de quién era la efigie que tenía la moneda que le habían mostrado; y porque respondieron lo que les habían preguntado diciendo que era la

imagen del César, ellos mismos, en cierto modo, se contestaron a lo que le habían preguntado al Señor. Por lo cual Él les dio la respuesta: *Pues dad al César lo que es del César y a Dios lo que es de Dios (Mt. 22, 15-21).* Cuando los príncipes de los sacerdotes y los ancianos del pueblo le preguntaron con qué autoridad hacía todo esto, les preguntó él acerca del bautismo de Juan; y dado que ellos no querían decir algo que, según su parecer, iba contra ellos mismos, ya que ellos no se atrevían a hablar mal de Juan por causa de los presentes, les dijo: *Pues ni yo os diré con qué autoridad hago estas cosas (Mt. 21, 23-27),* y esto pareció muy justo a los que estaban allí. Dijeron que no sabían lo que sabían perfectamente, pero no querían decirlo. En verdad era justo que ellos, que querían que se les respondiese sobre lo que habían preguntado, hicieran ellos primero aquello que querían se hicieran con ellos, y si lo hubieran practicado, ellos mismos ciertamente se hubieran respondido. Ellos mismos, en efecto, habían enviado a algunos a preguntar a Juan quién era, o mejor dicho, los mismos enviados eran sacerdotes y levitas, que pensaban que Juan era Cristo, lo cual negó él mismo y dio testimonio del Señor (Jn. 1, 19-27). Si hubiesen querido reconocerlo por este testimonio, ellos mismos se hubieran instruido para comprender con qué autoridad hacía Cristo aquellas obras; si bien ellos habían preguntado, fingiendo ignorarlo, para encontrar pretexto de poderlo calumniar.

CAPÍTULO XXI

71. Habiendo sido preceptuado no dar lo santo a los perros y arrojar perlas a los puercos, algún oyente podría replicar y decir, consciente de su ignorancia y enfermedad y habiendo oído que se le mandaba que no diera lo que percibía no haber recibido, podría replicar y decir: ¿Cuáles son las cosas santas que no debo dar a los perros o las perlas que me prohibís echar a los cerdos, si todavía yo no me he dado cuenta de tenerlas? Oportunamente el Señor añade: *Pedid y se os dará; buscad y hallaréis; pulsad y se os abrirá. Porque todo aquel que pide, recibe, y quien busca, halla, y al que llama, se le abrirá (Mt. 7, 7-8)*. El pedir se refiere a conseguir la salud y firmeza del ánimo, a fin de que podamos cumplir lo que está mandado; la búsqueda, sin embargo, va dirigida a descubrir la verdad. Pues la felicidad se consigue con la acción y el conocimiento; la acción pide la moralidad de los actos y la contemplación, la revelación de la verdad. De ellas, la primera se debe pedir; la segunda hay que investigar, a fin de que la primera se nos dé y la segunda la encontremos. Sin embargo, en esta vida el conocimiento es más bien del camino que de la misma posesión. Pero cuando alguien hubiere encontrado el camino verdadero, llegará a la misma posesión, la que ciertamente le será abierta a quien pulse.

72. Con el fin de que sean aclarados estos tres pasos, la petición, la búsqueda y la llamada, pongamos el ejemplo de un enfermo que no puede caminar con los pies. Lo primero que hay que hacer es sanarlo y robustecerlo para que pueda andar y a esto se refiere cuando dice: *Pedid*. Pues ¿de qué sirve el poder andar y hasta correr, si se desvía por caminos extraviados? Lo segundo es el encontrar el camino que le conduzca adonde desea llegar. Cuando lo hubiese encontrado y recorrido, si encontrara cerrado el lugar donde quiere habitar, de nada le aprovecharía el haber podido andar, ni el haber andado y llegado si no le abren: a esto se refiere lo que se dijo de *pulsad*.

73. Nos ha dado una gran esperanza aquel que al prometer no decepciona, pues dijo: *Todo el que pide, recibe, y quien busca, encuentra, y a quien llama, se le abrirá (Mt. 7, 8).* Por tanto, se necesita perseverancia para recibir lo que pedimos, encontrar lo que buscamos y para que se abra a quien llama. Así como se ha hecho alusión a las aves del cielo y a los lirios del campo (Mt. 6, 26-31), para que no perdiésemos la esperanza de que el alimento y el vestido no habían de faltarnos, a fin de que nuestro espíritu se elevase de las cosas pequeñas a las grandes, continúa así: *¿Quién de vosotros, si un hijo suyo le pidiese un pan, le daría una piedra?; ¿o si le pidieses un pez, le daría una serpiente? Si, pues, vosotros, que sois malos, sabéis dar cosas buenas a vuestros hijos, ¡cuánto más vuestro Padre del cielo os dará cosas buenas a los que se las pidan! (Mt. 7, 9-11)* ¿Cómo dan los malos cosas buenas? El Señor llamó aquí malos a los que aman todavía al mundo y a los pecadores. Las cosas buenas que dan se deben considerar buenas, según su forma de actuar, porque las tienen por buenas. Aunque estas cosas sean buenas por naturaleza, sin embargo todavía están en el tiempo y pertenecen a esta vida sujeta a enfermedades. Y cualquier malvado que las diese, nada suyo da: *Pues del Señor es la tierra y todo lo que hay en ella (Sal. 23, 1); el que ha hecho el cielo y la tierra y el mar y todas las cosas que están en él (Sal. 145, 6).* En consecuencia, ¡mucho debemos esperar en que Dios nos dará los bienes que le pedimos y no nos puede engañar, en el recibir una cosa por otra, cuando le pedimos algo, porque también nosotros, a pesar de ser malos, sabemos dar cosas a quien nos las pide! En efecto, nosotros no engañamos a nuestros hijos, y todas las cosas que les damos, no las damos de lo nuestro, sino de lo suyo.

CAPÍTULO XXII

74. La perseverancia y un cierto vigor del caminar están establecidos en la honestidad moral, que se desarrolla hasta la purificación y la unificación del corazón, de la cual, habiendo hablado ya, concluye así: *Haced vosotros con los demás hombres todas las cosas buenas que deseáis que hagan ellos con vosotros, porque esta es la suma de la Ley y de los Profetas (Mt. 7, 12)*. En los códices griegos se dice así: *Haced vosotros con los hombres todas las cosas que deseáis que hagan ellos con vosotros*. Pero pienso que, para dar mayor realce a esta máxima, los códices latinos añadieron la palabra buenas. En efecto, podía ocurrir que, si alguno, apoyándose en este texto, deseara que le hicieran alguna cosa pésima, como, por ejemplo, que fuera provocado a beber sin medida y sumergirse en la embriaguez, y haga él primeramente a otro esto mismo que desea le hagan, es ridículo que ese hombre imaginara haber cumplido ese precepto. Y como esto podía dejar perplejos, como pienso, se añadió para esclarecerlo una palabra, de tal forma que, después de haber dicho: *Todas las cosas que deseáis que hagan los hombres con vosotros*, se añadió *buenas*. Y si falta en los códices griegos, también ésos deben ser corregidos. Pero ¿quién se atrevería a hacer esto? Por consiguiente, es necesario reconocer que la máxima está completa y es del todo exacta, aunque no se añada esa palabra. La expresión: *Todo lo que queréis*, debe ser entendida no en una significación ordinaria, sino según un sentido propio. Uno no tiene voluntad más que para el bien; mientras que para las acciones malas y deshonrosas se habla con propiedad de pasión, no de voluntad. No siempre hablan así los libros de la Escritura, sino que, donde es necesario, usan términos de tal manera apropiados, que no permiten entenderse de otra manera.

75. Parece que este mandamiento pertenezca al amor del prójimo, y no igualmente al amor de Dios, ya que en otro lugar dice el Señor *que son dos preceptos en los cuales pende toda la Ley y los Profetas (Mt. 22, 40)*. En efecto, si hubiese dicho: Todo lo que queréis que os sea hecho, hacedlo también vosotros, con esta sola fórmula se incluirían uno y otro precepto; así se diría rápidamente cada uno que él desea ser amado de Dios y de los hombres. Si se le mandase hacer lo que quisiera que se le hiciese a él, esto se mandaría para amar a Dios y al prójimo. Pero como se dice más expresamente de los hombres: *Haced vosotros con los hombres todas las cosas que deseáis que hagan ellos con vosotros (Mt. 7, 12)*, parece que no se le ha mandado otra cosa sino: *Amarás a tu prójimo como a ti mismo*. Pero no se debe dejar a un lado lo que se ha añadido: *Esta es la Ley y los Profetas (Mt. 22, 40)*. En estos dos preceptos no solo dijo: Pende la Ley y los Profetas, sino que añadió: *toda la Ley y los Profetas*, como si fuesen todas las profecías. Pero como en este paso no lo ha añadido, reservó el lugar para el otro mandamiento que se refiere al amor de Dios. Aquí, sin embargo, dado que completa los preceptos referentes a la sinceridad del corazón y como es de temer que alguno tenga el corazón doble con relación a aquellos a quienes el corazón puede estar oculto, es decir, con relación a los hombres, fue necesario dar este mandamiento. No hay nadie que quiera que alguien trate con él con doblez de corazón. Según esto, no es posible que un hombre conceda alguna cosa a otro hombre con corazón simple, a no ser que lo conceda de tal manera, que no reciba de él alguna recompensa temporal y lo haga con la recta intención de la cual ya hemos tratado largamente arriba, cuando hablamos del ojo sencillo.

76. Por tanto, el ojo purificado y sencillo está ya apto para mirar y contemplar su luz interior. Este es el ojo del corazón. Posee un ojo tal aquel que, para que sean verdaderamente buenas sus obras, no se propone el fin de las mismas en agradar a los hombres; pero si llegare a agradarles, refiere esto a la salud espiritual de sus hermanos y a la gloria de Dios y no a la propia ostentación. Por consiguiente, no ejecuta ningún bien referente a la salvación de su prójimo, si exige de él las cosas necesarias para el sustento de esta vida; ni condena temerariamente la intención y la voluntad del hombre en la acción, en que no aparece con qué intención y voluntad han sido realizadas; y después que presta al prójimo todos los servicios posibles con la misma intención con que quiere que a él se los presten, es decir, sin pretender recompensa alguna temporal. Así será el corazón simple y limpio en el cual se busca a Dios: *Felices, pues, los limpios de corazón, porque ellos verán a Dios (Mt. 5, 8)*

CAPÍTULO XXIII

77. Pero, dado que a esta situación llegan pocos, comienza el Señor a hablar de la búsqueda y posesión de la sabiduría, que es el árbol de la vida (Pr. 3, 18). Pero para buscarla y poseerla, es decir, para contemplarla, este ojo ha sido enderezado a través de todas las pruebas anteriores, con el fin de poder darse cuenta del camino estrecho y de la puerta angosta. Por lo cual, sigue diciendo: *Entrad por la puerta estrecha, porque la puerta ancha y el camino espacioso son los que conducen a la perdición, y son muchos los que entran por él; ¡oh, qué angosta es la puerta y cuán estrecha la senda que conduce a la vida y qué pocos son los que entran por ella! (Mt. 7, 13-14)* No dice esto porque el yugo del Señor sea duro y la carga sea pesada, sino que son pocos los que quieren poner término a las tribulaciones por falta de fe en el que clama: *Venid a mí todos los que estáis agobiados y yo os aliviaré. Tomad mi yugo sobre vosotros y aprended de mí, que soy manso y humilde de corazón, y hallaréis reposo para vuestras almas. Porque suave es mi yugo y ligera mi carga (Mt. 11, 28-30)*. Por esto empezó este sermón hablando de los humildes y sencillos de corazón (Mt. 5, 3-4). No obstante, muchos rechazan y pocos aceptan el yugo suave y la carga ligera y por eso viene a ser angosto el camino que conduce a la vida y estrecha la puerta por la que se entra en ella.

CAPÍTULO XXIV

78. Hace falta, pues, en este momento tener cuidado sobre todo de aquellos que prometen la sabiduría y el conocimiento de la verdad que no tienen, como son los herejes, los cuales se recomiendan a sí mismos por su escaso número. Y por esta razón el Señor, después de haber dicho que son pocos aquellos que encuentran la puerta estrecha y el camino angosto, a fin de que no se introduzcan con el pretexto de ser un número reducido, rápidamente añade: *guardaos de los falsos profetas, que vienen a vosotros disfrazados con pieles de ovejas, mas por dentro son lobos voraces (Mt. 7, 15)*. Pero éstos no engañan al ojo simple, que sabe distinguir el árbol por sus frutos; así dice: *Por sus frutos los conoceréis*. Acto seguido añade algunas analogías: *¿Acaso se cogen uvas de los espinos o higos de las zarzas? Así es que todo árbol bueno produce buenos frutos y todo árbol malo da frutos malos; un árbol bueno no puede dar frutos malos, y un árbol malo darlos buenos. Todo árbol que no da buen fruto será cortado y echado al fuego. Por sus frutos, pues, los podéis conocer (Mt. 7, 16-20)*.

79. En este lugar conviene prestar atención sobre todo al error de aquellos que suponen que de los dos árboles son indicadas dos naturalezas. Una de las cuales es la de Dios, y la otra, ni de Dios ni proviene de Dios. Sobre este error ya se ha discutido largo y tendido en otros libros y, si todavía fuese poco, se discutirá en el futuro; ahora se debe demostrar que estos dos árboles no apoyan esta interpretación. En primer lugar está claro que el Señor habla de los hombres, de tal forma que quien haya leído los pasos anteriores y posteriores se maravilla de la ceguera de estos tales. Después hay que atender a lo que dice posteriormente: *No puede el árbol bueno dar frutos malos, ni el árbol malo dar frutos buenos*, y por esto piensan que no puede suceder que un alma mala se convierta en buena y que una buena se convierta en mala, como si se hubiese dicho lo siguiente: No puede convertirse un árbol bueno en malo, ni un árbol malo hacerse bueno. Sino que se dijo: *No puede un árbol bueno dar malos frutos, ni un árbol malo dar buenos frutos*. El árbol es la misma alma, es decir, el mismo hombre, y el fruto son las obras del hombre. No puede ser que un hombre malo realice obras buenas, ni el bueno realice obras malas. Pues el malo, si quiere realizar obras buenas, debe hacerse en primer lugar bueno. De esta forma, dice el mismo Señor claramente: *O bien haced el árbol bueno, o hacedlo malo (Mt. 12, 33)*. Pues si con estos dos árboles se simbolizasen estas dos naturalezas, no habría dicho: *Haced*. Pues ¿qué hombre puede hacer una naturaleza? Después también allí, una vez que hizo mención de los dos árboles, añadió: *Hipócritas, ¿cómo podéis hablar cosas buenas si sois malos? (Mt. 12, 34)* Por tanto, mientras que uno sea malo, no puede dar frutos buenos; y si diese frutos buenos, ya no será malo. Con toda razón pudo seguir diciendo: no puede ser caliente la nieve; una vez que comience a calentarse, ya no la llamamos nieve, sino agua. Puede darse que aquello que fue nieve deje de serlo; pero es imposible que la nieve sea caliente. Así puede suceder que quien fue malo no siga siéndolo, pero no puede ser que quien es malo obre el bien. Y si en alguna circunstancia se hace útil, no lo realiza él, sino que proviene de él con la intervención de la divina Providencia, como se dijo de los fariseos: *Haced lo que os dicen, pero no hagáis lo que ellos hacen (Mt. 23, 3)*. Esto mismo de decir cosas buenas y lo que decían, lo oían y practicaban útilmente, no era obra de ellos, porque el Señor dice: *Se sientan en la cátedra de Moisés (Mt. 23, 2)*. Por la providencia divina, predicando la ley de Dios, pueden ser útiles para los oyentes, aunque no lo sean para ellos. De estos tales se ha dicho por el profeta en otro lugar: *Sembráis trigo y recogéis espinos (Jr. 12, 13)*, porque enseñan cosas buenas, pero hacen el mal. Quienes les escuchaban y hacían lo que les decían, no recogían uvas de los espinos, sino recogían las uvas de la vid a través de los espinos. Es como si uno metiese la mano a través de un vallado y cogiera un racimo de la viña que está rodeada del vallado; ese racimo no es fruto de los espinos, sino de la vid.

80. Con justo criterio, ciertamente, se pregunta a qué frutos debemos atender para que podamos conocer el árbol. Muchos consideran como frutos algunas cosas como el vestido de las ovejas y así son engañados por los lobos, como son los ayunos, las oraciones, las limosnas. Si todo esto no pudiera ser realizado por los hipócritas, no habría dicho anteriormente: *guardaos de practicar vuestra justicia ante los hombres para ser vistos por ellos (Mt. 6, 1)*. Al proponer esta enseñanza se tienen en cuenta estas tres cosas: la limosna, la oración y el ayuno. Muchos, en efecto, distribuyen a los pobres muchas cosas, no por misericordia, sino por vanagloria; otros muchos oran, o parece que oran, deseando no que los vea Dios, sino agradar a los hombres; y otros muchos ayunan y ostentan una admirable abstinencia ante aquellos a quienes parecen muy difíciles estas obras y las juzgan muy dignas de honor. Y les atraen con fraudes de esta categoría, aparentando una cosa para engañar y otra para robar y para matar a aquellos que no pueden llegar a descubrir los lobos bajo estos vestidos de ovejas. Estos no son los frutos por los cuales se amonesta conocer el árbol. Si todo esto se hace con buena intención según la verdad, esto es propiamente el vestido de las ovejas; si se realiza con intención mala en el error, no cubren otra cosa que lobos. Pero no por esto las ovejas deben odiar su vestido, aunque muchas veces bajo este vestido se oculten los lobos.

81. El Apóstol enseña cuáles son los frutos, por los que una vez reconocidos, reconocemos al árbol malo: *Son bien conocidas las obras de la carne: fornicaciones, deshonestidades, lujurias, idolatrías, hechicerías, enemistades, pleitos, celos, enojos, riñas, disensiones, herejías, envidias, homicidios, embriagueces, glotonerías y cosas semejantes; sobre las cuales os prevengo, como ya tengo dicho, que los que tales cosas hacen no alcanzarán el reino de Dios*. Y acto seguido enseña cuáles son los frutos por los cuales podemos reconocer al árbol bueno: *Al contrario, los frutos del Espíritu son: caridad, gozo, paz, paciencia, longanimidad, benignidad, bondad, fe, mansedumbre, continencia (Ga. 5, 19-23)*. Se ha de saber que aquí la palabra gozo está puesta en sentido propio; en efecto, los hombres malos no se puede decir propiamente que se alegran, sino que se divierten, como dijimos antes que la palabra "voluntad" se ponía en sentido propio, la cual no la tienen los malos, donde se dijo: *Todo lo que queréis que hagan con vosotros los hombres, hacedlo vosotros con ellos (Mt. 7, 12)*.

Según esta propiedad de las palabras, por la cual el gozo no se da sino en los buenos, también dice el profeta: *No hay alegría para los malévolos, dice el Señor (Is. 48, 22)*. Así también la fe, de la cual se ha hablado, no es una fe cualquiera, sino la verdadera fe, y todos los otros conceptos a los que se ha hecho alusión tienen una cierta apariencia en los hombres malos e hipócritas, de tal manera que engañan al otro si no se tiene el ojo puro y sincero, con el cual se conozcan estos hechos. Por esto, con mucha lógica se ha tratado en primer lugar de la purificación de la visión y después se han ido exponiendo las cosas de las cuales hay que tener cuidado.

CAPÍTULO XXV

82. Pero, aunque cada uno pueda tener el ojo puro, es decir, vivir con sinceridad y simplicidad de corazón, sin embargo no puede uno figurarse el corazón del otro, pues se pone en claro en las tentaciones, lo que no se puede manifestar en los hechos o en las palabras. Hay una doble tentación: con la esperanza de conseguir una ventaja temporal o en la angustia de perderla. Y hay que precaverse especialmente, no anhelando la sabiduría, que sólo se puede encontrar en Cristo -en el cual están escondidos todos los tesoros de la sabiduría y de la ciencia (Col. 2, 3); hay que cuidarse, por tanto, de que no seamos engañados en el nombre mismo de Jesucristo por los herejes o por los mal instruidos o por los amadores de este mundo. Por esto sigue amonestando: *No todo el que me dice: Señor, Señor, entrará en el reino de los cielos; sino aquel que hace la voluntad de mi Padre que está en los cielos, ése entrará en el reino de los cielos (Mt. 7, 21)*. No debemos pensar que ya produce buenos frutos si alguno le dice a Nuestro Señor: *Señor, Señor*, y por ello nos parezca ya un buen árbol. Pues los frutos son éstos: hacer la voluntad del Padre que está en los cielos, porque haciendo su voluntad el mismo Cristo se dignó mostrarse como modelo.

83. Pero, justamente, alguno puede encontrar dificultad para poder conciliar esta enseñanza con aquello que dice el Apóstol: *Nadie que hable bajo la acción del Espíritu de Dios dice: anatema sea Jesús; y nadie puede decir: Jesús es el Señor, sino bajo la acción del Espíritu Santo (1Cor. 12, 3)*. No podemos decir que algunos que tienen el Espíritu Santo no entrarán en el reino de los cielos, si perseveran hasta el final, ni podemos decir que tienen el Espíritu Santo aquellos que dicen *Señor, Señor* y, sin embargo, no entran en el reino de los cielos. ¿En qué sentido dice: Jesús es el Señor, sino bajo la acción del Espíritu Santo, a no ser porque el Apóstol puso con propiedad la palabra *dice*, que significa la voluntad y la mente del que lo dice? Sin embargo, el Señor colocó en sentido genérico la palabra que dice: *No todo el que me dice: Señor, Señor, entrará en el reino de los cielos*, porque aquel que no entiende o no quiere lo que dice, tiene solamente la apariencia de decir; pero propia y rigurosamente dice aquel que con el sonido de su voz expresa su voluntad y su pensamiento; como poco antes se dijo al enumerar los frutos del Espíritu Santo que la palabra *gozo* estaba empleada en su sentido propio y no en la acepción en que la usa el mismo Apóstol cuando dice: *no se goza de la iniquidad (1Cor. 13, 6)*. Como si uno pudiera gozarse de la iniquidad, porque ello es una agitación del ánimo, que se divierte confusamente, y no gozo, por cuanto éste solamente lo tienen los buenos. Por consiguiente, tienen también apariencia de decir aquellos que no penetran con el entendimiento ni practican con la voluntad aquello que dicen, sino que solamente lo expresan con la voz. En este sentido dice el Señor: *no todo aquel que dice ¡Señor, Señor! entrará en el reino de los cielos*. Sin embargo lo dicen con verdad y propiedad aquellos cuyo discurso no está en desacuerdo con la voluntad y con el pensamiento; y con este significado dice el Apóstol: *Nadie puede decir: Jesús es el Señor, sino en el Espíritu Santo*.

84. Y hay algo muy importante que pertenece a este tema, y es que, tendiendo a la contemplación de la verdad, no nos dejemos engañar, no solo con el nombre de Cristo, por influjo de aquellos que tienen el nombre, pero no las obras, sino también por algunos hechos milagrosos. Si bien el Señor los realizó por el bien de los incrédulos, les amonestó el no dejarse engañar por estos tales, juzgando que allí está la sabiduría invisible de lo alto, donde quiera que viésemos un acontecimiento visible maravilloso. Por tanto, continúa diciendo: *Muchos me dirán en aquel día: Señor, Señor, ¿no hemos profetizado nosotros en tu nombre y echado demonios en tu nombre y realizado muchos milagros en tu nombre? Y entonces yo les diré: nunca os conocí; apartaos de mí, operarios de maldad (Mt. 7, 22-23)*. Pues solo conoce a quien practique la justicia. Y prohibió a sus discípulos alegrarse de los hechos maravillosos, es decir, que los demonios se les sometieran, sino *alegraos*, les dijo, *de que vuestros nombres estén escritos en el cielo (Lc. 10, 20)*. Creo que se refiera a aquella ciudad celestial de Jerusalén, en la cual solo reinarán los justos y los santos. *¿O* *no sabéis*, dice el Apóstol, *que los injustos no poseerán el reino de Dios? (1Cor. 6, 9)*

85. Sin embargo, quizás, alguno pudiera objetar que los malos no pueden realizar aquellos prodigios y suponer que más bien mienten los que dirán: *En tu nombre ¿no hemos profetizado, echado demonios y realizado milagros?* Lea, pues, ¡cuántas obras prodigiosas realizaron los magos de Egipto al oponerse al siervo de Dios, Moisés! (Ex. 7, 11-21) Y si no quiere leer este paso porque aquellos no actuaron en nombre de Cristo, lea el que el mismo Señor dice de los falsos profetas: *Entonces, si alguno os dice: el Cristo está aquí o allí, no le creáis. Porque aparecerán seudocristos y seudoprofetas y harán grandes maravillas y prodigios, de tal manera que aun los escogidos caerán en error. He aquí que os lo he predicho* (Mt. 23-25).

86. ¡Cuán necesario es el ojo puro y simple a fin de encontrar el camino de la sabiduría, al cual obstruyen tantos engaños y errores de los hombres malos y perversos! Evitar todos ellos significa llegar a una paz segura y a una estabilidad inamovible de la sabiduría. Se debe temer vehementemente que, en el empeño de discutir y disputar, uno no se dé cuenta de lo que solo por parte de algunos puede ser visto: que sea pequeño el alboroto de los que contradicen, aunque uno no se oponga a sí mismo. A esto se refiere también lo que dice el Apóstol: *Al siervo de Dios no le conviene litigar, sino ser humilde con todos, dispuesto a aprender, sufrido, que reprenda con modesta dulzura a los que opinan de forma distinta, ya que quizás Dios les lleve a la penitencia para que conozcan la verdad (2Tm. 2, 24-25).* Por tanto, *Bienaventurados los pacíficos, porque ellos serán llamados hijos de Dios (Mt. 5, 9).*

87. Debemos prestar especial atención a la terrible conclusión a la que lleva todo este sermón: *Por tanto, quienquiera que oiga estas mis palabras y las lleve a la práctica, será semejante a un hombre* *prudente, que edificó su casa sobre roca (Mt. 7, 24).* Solo con la práctica hace uno efectivo lo que ha oído y entendido. Y si la piedra es Cristo, como afirman muchos textos de la Sagrada Escritura (1Cor. 10, 4), edifica en Cristo quien lleva a la práctica aquello que ha oído. *Cayó la lluvia, se desbordaron los ríos, soplaron los vientos y dieron con ímpetu sobre aquella casa y no fue destruida; estaba, pues, construida sobre la roca (Mt. 7, 25).* Éste no teme las tenebrosas supersticiones -porque ¿qué se entiende por lluvia, cuando se pone con la significación de algún mal?-, o los rumores de los hombres, que juzgo que se pueden comparar con los vientos; o el torrente de esta vida, que parece inundar la tierra con las concupiscencias carnales. Quien se deja seducir por la prosperidad de estos tres elementos es derribado por las adversidades; nada de esto teme quien tiene construida su casa sobre la roca, es decir, aquel que no solo oye los preceptos del Señor, sino que los lleva a la práctica. Por el contrario, está expuesto peligrosamente a todos estos daños quien oye y no lo lleva a la práctica; en efecto, no tiene una base sólida, sino, que oyendo y no actuando, lo que edifica es su ruina. Por esto continúa diciendo el Señor: *Pero cualquiera que oye todas estas mis palabras y no las lleva a la práctica, se parece a aquel hombre necio que edificó su casa sobre arena. Bajó la lluvia, se desbordaron los ríos, soplaron los vientos y dieron con ímpetu sobre la casa y se cayó; y hubo una gran ruina. Y sucedió que, una vez que Jesús concluyó de decir estas palabras, la muchedumbre quedó admirada de su doctrina; pues les enseñaba como teniendo autoridad y no como sus escribas (Mt. 7, 26-28).* Esto es lo que dije anteriormente que había sido significado por el profeta en los salmos cuando dijo: *Pondré toda mi confianza en Él. Los dichos del Señor son puros, plata refinada en el crisol y siete veces refinada (Sal. 11, 6-7).* Por esto, este número siete me advierte que también estos preceptos se relacionan con aquellas siete sentencias que el Señor expresó al principio del sermón, al hablar de las bienaventuranzas y con las siete operaciones del Espíritu Santo que enumera el profeta Isaías (Mt. 5, 3-9; Is. 11, 2-3). Pero, bien sea que se tenga en consideración este orden u otro, lo importante es que se debe poner en práctica lo que hemos oído del Señor, si queremos edificar sobre piedra.

FIN

Made in the USA
Las Vegas, NV
27 September 2024